E版编目（CIP）数据

读名言　学做人 / 李韫琬，韩兴娥著 . -- 南昌：
人民出版社，2017.4（2018.11 重印）
韩兴娥课内海量阅读丛书）
ISBN 978-7-210-09242-1

Ⅰ . ①读… Ⅱ . ①李… ②韩… Ⅲ . ①阅读课 - 中小
课外读物 Ⅳ . ① G634.333

中国版本图书馆 CIP 数据核字（2017）第 041682 号

名言　学做人
韫琬　韩兴娥　著

划编辑：童晓英
任编辑：章　虹
籍设计：游　珑
　图：徐　超
　版：江西人民出版社
　行：各地新华书店
地　址：江西省南昌市三经路 47 号附 1 号
编辑部电话：0791-88600717
发行部电话：0791-86898815
邮　编：330006
网　址：www.jxpph.com
E-mail：506593941@qq.com
2017 年 4 月第 1 版　2018 年 11 月第 10 次印刷
开　本：787 毫米 ×1092 毫米　1/16
印　张：11.5　字数：139 千
ISBN 978-7-210-09242-1
定　价：25.00 元
承 印 厂：江西省和平印务有限公司
赣版权登字—01—2017—131

姓名：________________

班级：________________

读名言 学做人

李韫琬 韩兴娥◎著

江西人民出版社
Jiangxi People's Publishing House
全国百佳出版社

序

做人，对于中小学生来说，当是一个相对宏大的话题，可又是一个绕不开的大问题。老子说："合抱之木，生于毫末；九层之台，起于累土；千里之行，始于足下。"中小学生年龄虽小，却一定会逐渐长大成人，更重要的是，未来是属于他们的。

中小学生读名言，与做人有着很大的关系。因为古今中外的名言都经过了大浪淘沙，仍然定格在有思想、有文化品格的人心中。不管时代如何变迁，它都会闪射出耀眼的光芒。名言大多是大思想家在生命实践中感悟出来具有永恒价值的经典之言，言简而意丰。古人之所以说"半部《论语》治天下"，就是因为《论语》讲得更多的是做人之道，只有修身，才能齐家、治国、平天下。《论语》成就了一个又一个具有思想人格的伟大人物，更滋润了中国千千万万普通百姓的心灵，而且它不断向外扩展，走向世界。这正中了老子之言："死而不亡者寿。"孔子虽已离开我们近两千五百年，可是，他的思想依然穿越时空，光芒四射，而且有"愈演愈烈"之势。这就是经典名言的不朽伟力。

本书中的名言，就精选了孔子的一些经典之言。当然，不止于孔子之言，还有中国以及国外其他伟人名家的经典之言。它打上了中外经典文化的烙印，让中小学生透过这个窗口纵贯中外，汲取名家伟人的思想精华。

这是一本只有180多页的小书，而且是以中小学生为主体阅读对象的小书。但整个成书过程中，作者一直心怀敬畏，唯恐选取的名言不当或不佳，对孩子不能生成积极意义。所以，历时两年，无数次修改与增补，方才形成今天的文本内容。

也许有人会说，其中不少经典名言属于古代经典，难以理解，中小学生即使背诵下来，又能起多大作用？的确，从当前来看，未必能够起到立竿见影的效用，可是，它为孩子种下了一颗如何做人的种子；当下未必发芽，更难枝繁叶茂，然而，它会在其生命的深层扎根，到了一定的生命节点，就会发芽、开花与结果。经典真正融入孩子心中，需要一个相当长的过程，可正是因为过程长，才有了更强大的生命张力。对于中小学生的成长，绝对不能有急功近利的思想。孔子说："无欲速，无见小利；欲速则不达，见小利则大事不成。"现在让经典名言在中小学生的心田埋下种子，然后耐下心来，静等花开。我们有责任、有义务将这些经典名言"嵌在学生脑子里，成为中华民族文化的基因”。没有这个“嵌”，就不能生成强大的根系，也就长不成参天大树。况且记忆有一个规律：年龄越小，记得越快，忘得越慢；年龄越大，记得越慢，忘得越快。中小学生背诵经典名言速度之快，绝对是大人望尘莫及的。背诵得多了，才能厚积薄发。所以，希望拿到这本书的中小学生认真学习，熟诵于心，为未来生命成长种下一颗优质的种子。

这本书不只是经典名言的荟萃，还有相应的话语链接。在每一个主题的经典名言之前，都有一个言简意丰的导引，且有两则故事与两段感悟文字。导引与感悟既语言晓畅，又微言大义，让人有一种豁然洞开的感觉。故事则契合了中小学生的阅读特点，又呼应了经典名言的要义。它激发了学生阅读的兴趣，且在不动声色中加深了他们对经典名言的理解。

可以说，这本书是中小学德育与语文教学的一个很好的读本。其中不少经典名言及故事，老师们可以信手“拿来”，作为教育教学的内容。从这个意义上说，它还能以其文质兼备的优势跻身于中小学课程之中，并对中小学生学做人产生积极的影响。

这本书还是家长教育孩子的优秀教材。与孩子共同成长，需要优质的文本。而很多家长并没有这种能力，或者没有时间来编写这样的教材。可有了这本书，即使那些工作极其忙碌的家长，也可以在孩子睡前或醒后的短暂时间里，与孩子共享一段名言佳句。荀子说：“积土成山，风雨兴焉；积水成渊，蛟龙生焉；积善成德，则神明自得，圣心备焉。”日日诵读，又不断践行，不但孩子有了做人之基，家长的精神也会丰盈起来。

为了让孩子学有所获，举一反三，作者还设计了“学以致用”板块，可让孩子“学而时习之”。为了让学生先行思考，而后验证答案正确与否，作者将所有答案一并附在了全书后面。作者的良苦用心，可见一斑。

期待这本书出版时，更多的孩子学有所获。

陶继新

2017 年 3 月 1 日于济南

陶继新，山东教育社编审、原总编辑，山东省作家协会会员，中国孔子基金会传统文化教育分会副会长，中国教育学会传统文化教育中心副主任，中国教育报刊社·现代学校联盟副秘书长，《中国教育报·读书周刊》2005 年度“十大推动读书人物”。

在全国开设讲座 800 多场，报告题目 20 多个。在《人民日报》《光明日报》《中国教育报》《人民教育》等报刊发表文章 1000 多篇，800 多万字。著作有《做一个幸福的教师——陶继新讲演录》《高效教学的道与术——陶继新讲演录》《经典教育让生命有根》《种好心田——魏书生与陶继新的幸福教育》《让幸福与经典同行——儒释道与中国人的心灵智慧》《做一个卓越的校长——陶继新对话名校长》《情智教育十日谈》《语文的文化品格》《教坛春秋——20 位中学教师的境界与智慧》《行旅有道》《名校之道——陶继新对话名校长》等 40 多本。

个人网站：WWW.TAOJIXIN.COM
微信公众号：taojixin6789

目录

目录

01 心性善良

心性善良导引

"人之初，性本善"，善良，是每个人与生俱来的品德；善良，是人们安身立命之本。美国著名作家亨利·詹姆斯的侄子曾问他，人的一生中什么最重要，詹姆斯说："人生有三样东西是最重要的：第一是要善良，第二是要善良，第三还是要善良。"

善良是人性中最柔软又最有力量的一种情愫，它可以感化、挽救正在沉沦甚至濒临死亡的灵魂，可以融化冷漠，温暖人间。一个人如果能一以贯之地思善行善，人生必能走向坦途。要想让内心的善良生根发芽开花结果，需要时时处处去加强自身修养。

名　言

1 **楚国无以为宝，惟善以为宝。**

——《楚书》

楚国没有什么宝物，只是把善人当作宝物。

---

2 **道善则得之，不善则失之矣。**

——《大学》

行善便会得到天命，不行善便会失去天命。

---

3 **善无主于心者不留，行莫辩于身者不立。**

——《墨子·修身》

得不到内心支持的善行无法长久保持，得不到自身理解的行为便无法树立。

---

4 **君子莫大乎与人为善。**

——《孟子·公孙丑上》

君子最高的德行就是同别人一道行善。

---

5 **积善之家必有余庆，积不善之家必有余殃（yāng）。**

——《易传·文言》

积累善行的人家，必有不尽的吉祥；积累恶行的人家，必有不尽的灾祸。

---

6 **人而好善，福虽未至，祸其远矣。人而不好善，祸虽未至，福其远矣。**

——徐干《中论·修本》

如果人好做善事，福报虽然还没有到来，灾难却已经远离了；如果人好做恶事，灾难虽然还没有到来，福报却已经远离了。

---

7 **一善染心，万劫（jié）不朽。百灯旷（kuàng）照，千里通明。**

——萧纲《唱导文》

一个善念深入心中，经历万次灾难也不会磨灭，如同百盏灯火照耀着空阔的旷野，一片明亮。

---

8 **交善人者道德成，存善心者家里宁，为善事者子孙兴。**

——方孝孺《杂铭》

交心性善良的朋友有利于培养自己的好品德，存善心能使家庭和睦（mù）安宁，做善事能使子孙兴旺。

9 **善为至宝，一生用之不尽；心作良田，百世耕之有余。**

——史襄哉（zāi）《中华谚海》

善良作为最好的宝物，一生受用不尽；在心灵这块良田上［播撒（sǎ）善的种子］，世代耕耘（gēng yún）不尽。

---

10 **善良的心地，就是黄金。**

——［英］ 莎士比亚

11 **一颗善良的心就是一席永恒的筵（yán）席。**

——［捷克］ 夸美纽斯

12 **善良是唯一永远不会失败的投资。**

——［美］ 梭罗

13 **善良，是一种世界通用的语言，它可以使盲人看到，聋子听到。**

——［美］ 马克·吐温

14 **善不是一种学问，而是一种行为。**

——［法］ 罗曼·罗兰

15 **在一切道德品质之中，善良的本性在世界上是最需要的。**

——［英］ 罗素

16 **良心是我们每个人心头的岗哨，它在那里值勤站岗，监视着我们别做出违法的事情来，它是安插在自我的中心堡垒（lěi）中的暗探。**

——［英］ 毛姆

17 **感人肺腑的人类善良的暖流，能医治心灵和肉体的创伤。**

——［俄］ 罗佐（zuǒ）夫

故事一

善良：一朵永不凋谢的玫瑰

俗话说：“赠人玫瑰，手有余香。”巴金先生在《怀念一位教育家》一文中，给(jǐ)予了善良至极的匡互生先生极高的评价。巴金先生说：“我最初只知道他是五四运动中‘火烧赵家楼’的英雄，后来才了解他是一位把毕生精力贡献给青年教育的好教师，一位有理想、有干劲、为国为民的教育家。”

匡先生一生生活简朴，屋里陈设简单。他是一位有良知的老师，学生们常来找他谈话，他总是亲切、详细、耐心地讲解，如同一位和蔼的兄长。

匡先生对付小偷是极有一套的。那年，匡先生任校长，学校厨房的师傅捉到一个偷煤的小贼，送到他的办公室，请求他发落。当时，小偷吓得发抖，不敢抬头看匡先生。他没有呵斥（chì）小偷，也没有站在道德的制高点对小偷进行批评教育，而是坐下来和小偷谈心，仔细询问小偷的家庭情况，这一谈就是两个小时。小偷说家中无米下锅，儿女们嗷（áo）嗷待哺，适逢冬季，家中孩子们都冻病了，又没煤生火取暖，这才做了小偷。匡先生想，生逢乱世，不到迫不得已，谁也不想做小偷。他送给小偷两块银圆，嘱咐（zhǔ fù）他拿这笔钱去做小本生意，不要再做偷盗之事。

匡先生对人的救赎（shú）不是一时，而是一世。

还有一回，学生宿舍值勤员捉到一个穿西装的小偷，匡先生看他像个读书人，于是问他读过什么书，可有一技之长。匡先生了解清楚后，不但没有惩罚、呵斥他，还根据他的所长给他介绍了适合的工作。当时很多人不理解匡先生的做法，他只是重复一句话："不要紧，他们会改好的。"

身边的朋友都佩服他改造人们灵魂的决心和信心，更被他内心深处的良善所感动。

巴金著文称匡先生是他前进道路的一盏灯，灯虽灭，但正如匡先生所说："只要思想活着，开花结果，生命就不会结束。"

著名诗人朱自清在《哀互生》一文中写道："互生最叫我们纪念的是他做人的态度。他本来是一副铜筋（jīn）铁骨，黑皮肤衬着那一套大布之衣，看去像个乡下人。他什么苦都吃得，从不晓得享用，也像乡下人。他心里那一团火，也像乡下人。那一团火是热，是力，是光。"

感悟心语

不要吝惜你的善意，它是黑夜里的光，任何一个无意识的善意举动，任何一丝最朴素的恻（cè）隐，都可能在人群中激荡起向善的涟漪（lián yī），成就一个伟大的奇迹人生。

故事二

善良：心灵的指南针

美国第34任总统艾森豪威尔是位传奇人物，一生中曾获得数个“第一”的称号——第一个担任北大西洋公约组织盟军的最高统帅，第一个担任哥伦比亚大学校长的美军退役高级将领，唯一一个当上美国总统的五星上将。在他看来，这些殊荣都不如一个人内心的真诚、善良重要。

故事发生在第二次世界大战期间。那天天气非常寒冷，北风凛冽（lǐn liè），雪花漫天。艾森豪威尔将军乘车去总部参加一个紧急会议，汽车行驶途中，在荒无人烟的路旁出现一对老夫妇，冻得浑身哆嗦（duō suo）。艾森豪威尔将军看到后立即命令停车，与身旁的翻译一起下车询问情况。参谋急忙提醒：“将军，时间紧迫，我们必须赶快到总部开会，这种小事就交给当地警方来处理吧。”艾森豪威尔将军马上反问参谋：“那你告诉我，什么是大事？人命关天，怎么会是小事呢？如果等警方赶来处理，这对老夫妇可能早就冻死了！”

经过询问得知，这对老夫妇准备去巴黎看望儿子，不料汽车中途抛锚（máo）了。

艾森豪威尔将军听后，立即搀（chān）扶老人上了自己的车，把他们送到巴黎，才急忙赶去总部。

善有善报，行善之报如影随形。艾森豪威尔将军的良善给他带来了福报，竟帮他躲过致命一劫。原来，德国纳粹（cuì）情报人员早已掌握他那天返回总部的路线，让狙（jū）击兵预先埋伏在他的必经要道上。残忍暴虐的希特勒狂妄地说：“明年的今日就是盟军最高统帅艾森豪威尔将军的祭（jì）日。”但他做梦也没想到，艾森豪威尔将军因为这一善举改变了行车路线！

感悟心语

莎士比亚曾言：“慈悲不是出于勉强，它像甘霖（lín）一样从天上降下尘世；它不但给幸福于受施的人，也同样给幸福于施与的人。”

学以致用

1. 人们常说：富贵在天，听天由命。实际上，有时候一个人的命运掌握在自己的手中。正如“____________________”中所言，原来一个人的命运与善举息息相关，只是我们不曾在意啊！
2. 好家风铸就好少年，不好的家风贻害后人，在善与不善的家风下成长的孩子，未来可能大相径庭，因为古语云：“______________。”难怪俗语有云：“善有善报，恶有恶报。”
3. 有些同学，老师要他做好事才会做好事，由于这种善行不是同学们发自内心或真正理解的，所以难以持久，真可谓“______________

____________________”。

4. 古人说：“____________________。”我们要做中华好少年，要将善良植入自己的骨髓，哪怕经受生活的千锤百炼也不会轻易改变，并且用自己的善良照亮人心，照亮未来。

5. 要说因果报应，也许有点迷信；要说“祸兮，福之所倚，福兮，祸之所伏”，或许还有点莫名其妙。但要说“____________________”，你也许就知道为什么“祸兮，福之所倚，福兮，祸之所伏”。

6. 孩子，假如你能时刻表现出你的善良，即便你走到异国他乡，你的一言一行也会被他人所理解，因为“____________________”。

7. 老师在日常教育中经常强调要从小培养善良的本性，因为“____________________”，可见它在各种品质中显得尤为重要。

8. 当你想抄作业的时候，当你想取笑他人的时候，当你想逃脱责任的时候，当你想趁机顺手牵羊的时候，如果你意识到“____________________”，你一定会停止这些可耻的想法。

9. “____________________。”这句话是多么朴实啊！是啊，与其把善良研究得头头是道，不如默默地做一件力所能及的好事：上楼随手捡起楼道内的一片垃圾，放学向老师真诚地说声“再见”，给门卫大爷献上一个甜美的微笑与少先队队礼……

02

孝敬父母

5 子夏问孝。子曰："色难。有事，弟子服其劳；有酒食，先生馔（zhuàn），曾是以为孝乎？"

——《论语·为政篇》

子夏问什么是孝。孔子说："（当子女的要尽孝），最不容易的就是对父母和颜悦色。有事情，子女替父母去做，有酒饭供父母吃喝，难道这样做竟可认为是孝吗？"

6 子曰："事父母几谏（jiàn），见志不从，又敬不违，劳而不怨。"

——《论语·里仁篇》

孔子说："侍奉父母，（如果父母有不对的地方），要委婉地劝说。自己的意见不被父母听从，仍应恭敬地不触犯他们，即使内心忧劳也不怨恨。"

7 子曰："父母之年，不可不知也。一则以喜，一则以惧。"

——《论语·里仁篇》

孔子说："父母的年纪，不可不时时记在心里。一方面为他们的长寿而高兴，一方面又为他们的衰老而恐惧。"

8 子曰："孝哉闵（Mǐn）子骞（qiān）！人不间于其父母昆弟之言。"

——《论语·先进篇》

孔子说："闵子骞真是孝顺呀！人们对于他的父母兄弟称赞他的话，没有什么异议。"

9 惟顺于父母，可以解忧。

——《孟子·万章上》

只有得父母的欢心，才可以排解忧愁。

10 孝子之至，莫大乎尊亲；尊亲之至，莫大乎以天下养。

——《孟子·万章上》

孝子行孝的极点，没有超过尊奉双亲的；尊奉双亲的极点，没有超过用天下来奉养父母的。

11 事其亲者，不择地而安之，孝之至也。

——《庄子·人间世》

侍奉双亲，无论什么境地都使他们安适，是行孝的最高境界。

12 夫执一术而百善至、百邪（xié）去、天下从者，其惟孝也。

——《吕氏春秋·孝行》

掌握了一种原则，因而所有的好事都会出现，所有的坏事都会去掉，天下都会顺从，大概只有孝道吧！

---

13 夫孝，天之经也，地之义也，民之行也。

——《孝经·三才》

孝道犹如天上日月星辰的运行，地上万物的自然生长，是人类最为根本、首要的品行。

---

14 孝子之养老也，乐其心，不违其志，乐其耳目，安其寝处，以其饮食忠养之，孝子之身终。

——《礼记·内则》

孝子赡（shàn）养老人，就要使老人心情愉快，不违逆老人的意愿，要使老人的耳目愉悦，居处安适，在饮食方面尽心侍候周到，直到孝子死亡。

---

15 孝有三：大孝尊亲，其次弗（fú）辱，其下能养。

——《礼记·祭义》

孝有三等：大孝是使双亲受人尊敬，其次是不使双亲名声受辱，最下等是仅能赡养双亲。

---

16 千经万典，孝义为先。

——《增广贤文》

千万种经典都以行孝重义为先。

---

17 失了慈母便像花插在瓶子里，虽然还有色有香，却失去了根。

——老舍《我的母亲》

18 天下最不能等待的事情莫过于孝敬父母。

——［美］ 比尔·盖茨（cí）

故事一

妈妈的背带

陈斌强是浙江磐（Pán）安县冷水镇中心学校的一位初中语文老师，9岁那年，父亲因车祸去世，母亲含辛茹（rú）苦地独自抚养他们姐弟三个。

1993年，陈斌强从浙江义乌师范学校毕业后，考虑到奶奶年迈、母亲生活艰难，毅（yì）然选择回老家工作。天有不测风云，2007年，母亲得了老年痴呆症，丧失了生活自理能力。

一次，姐姐无意中提到，母亲最大的心愿就是和儿子住在一起。陈斌强想起母亲多年的艰辛与付出，他决定再困难也要实现母亲的心愿。

那时，陈斌强的儿子不满两周岁，夫妻俩都是上班族，要照看孩子又要照顾母亲，难度可想而知。妻子建议他把母亲送去养老院，他说："一个连儿子都不认识的老人，送到养老院，被欺负了怎么办？"为了照顾母亲，他硬是提前一年把儿子送进幼儿园。

陈斌强的家在县城，上班要赶30多公里山路。为了照顾好母亲，每周一他都用一条粗布背带将自己和母亲绑在一起，骑一个多小时的电动车去上班。到了周五，再将母亲"绑"回家里。他说小时候母亲用这条背带背着他，现在轮到他用这条背带背母亲了。每次离家，他都要背着90多斤的母亲上下六层楼，走300多级台阶，开始同事们都不太理解："这样带在身边照顾，一两天倒可以，一两年怎么吃得消？"可陈斌强做到了，这一背就是五年。

生活中的事情繁杂而琐碎，照顾母亲起居也异常辛苦。他专门为母亲制作了一张作息表，何时散步、聊天、睡觉，每半小时做什么，上几次厕所…… 事无巨细。他就这样固执地坚持着，每天晚上 9 点服侍母亲睡下，凌晨 1 点抱母亲上厕所，清晨 5 点将母亲房间打扫干净，处理好母亲的大小便，早上 7 点喂母亲吃饭……即便如此，陈斌强的教学任务一点也没落下，真正做到了教书育人和孝老爱亲两不误。

2013 年，陈斌强被评选为“感动中国 2012 年度人物”，正如颁奖词所言：“小时候，这根布带就是母爱，妈妈用它背着你。长大了，这布带是儿子的深情，你用它背着妈妈。有一天，妈妈的记忆走远了，但爱不会，它在儿女的臂膀上一代代传承。”

感悟心语

台湾作家龙应台在《目送》中曾这样写道：“我慢慢地、慢慢地了解到，所谓父女母子一场，只不过意味着，你和他的缘分就是今生今世不断地在目送他的背影渐行渐远。你站立在小路的这一端，看着他逐渐消失在小路转弯的地方，而且他用背影告诉你：不必追。”

故事二

父母是永远的珍宝

恩格斯，德国伟大的思想家、哲学家、革命家、教育家，全世界无产阶级和劳动人民的伟大导师，马克思主义创始人之一。恩格斯获得这些头衔（xián）与家庭教育不无关系。

恩格斯的父亲是工厂主，为恩格斯提供了优渥（wò）的生活。恩格斯的母亲心地善良，遵守礼法，喜爱文学和历史。恩格斯从小在父母的呵护下长大，对待朋友如夏天般火热，对待劳苦大众如春天般温暖，对待父母如小棉袄般贴心。

“父母是永远的珍宝。”恩格斯是这样说的，更是这样做的。恩格斯对父母的孝敬不仅仅体现在他的言行举止中，更体现在他宽广、包容的情怀中。

“父亲子女兄弟姊（zǐ）妹等称谓，并不是简单的荣誉称号，而是一种负有完全确定的异常郑重的相互义务的称呼。”字里行间，恩格斯对父母的敬畏之心展露无遗。恩格斯的父亲去世后，留下了一笔很可观的遗产，恩格斯的兄弟们为了遗产继承纠缠不休。当时，恩格斯的母亲身患重病，为了不使母亲寒心，他主动放弃了属于他的那份遗产，平息了一场无谓的纷争。

“判断一个人当然不是看他的声明，而是看他的行动；不是看他自称如何如何，而是看他做些什么和实际上是怎样一个人。”这句话为恩格斯做了最好的注脚。母亲生病时，正是恩格斯工作最忙碌（lù）的时候，为了照顾母亲，他于百忙之中安排好工作回到家乡，陪伴在母亲身边，喂母亲吃饭，给母亲擦洗身体。闲暇（xiá）时，他跟母亲静静地谈心，聊聊自己的生活琐碎，谈谈未来的工作意向。

后来，他在一封信中提到："我可能会有成千上万的财产，但我永远不会有另一个母亲。"是啊，财富固然是诱人的，可父母才是永远的珍宝。他们给予了我们太多太多，小到无微不至的关怀，大到教我们为人处世，这些都无法用金钱衡（héng）量。

恩格斯说："有所作为，是生活的最高境界。"可这何尝不是孝顺父母的最高境界？他和马克思共同撰（zhuàn）写了《共产党宣言》，共同创立了科学社会主义理论，参与了第一国际的领导工作。马克思逝世后，他承担整理和出版《资本论》遗稿的工作，还肩负领导国际工人运动的重担。恩格斯得到了全世界人民的尊重和敬仰，在他的精神内核中，对父母的至孝是否值得我们深思？

感悟心语

季羡林先生曾说："世界上无论什么名誉，什么地位，什么幸福，什么尊荣，都比不上待在母亲身边，即使她一个字也不识，即使整天吃'红的'（高粱饼子）。"离开母亲是季先生一生中永久的悔，这种深切的悔意让我们彻悟："子欲养而亲不待"是人世间最深刻的悲哀！

学以致用

1. 父亲整天烟不离手，我多次委婉地劝他戒烟，可都不奏效，虽然有些懊（ào）恼，但当我想起“______________”这句古训时也就释然了。因为对待长辈应该恭敬有礼，不可心怀怨恨。
2. 从小到大，父母孝敬长辈的行为给我留下了深刻的印象，因为他们不仅在物质上满足长辈所需，还对长辈毕恭毕敬，捶背揉肩对他们来说是家常便饭。父亲常常教育我，仅仅赡养长辈是不够的，还应该打心眼里孝敬他们，正所谓“______________”
3. 古人说“______________”，可见孝敬父母一定要始终如一。不管父母健在与否，对于他们正确的言行都要一如既往地遵从，这才是真正的孝顺。
4. 清明扫墓是一件庄重的事情，这是对逝者的缅（miǎn）怀。但有些人扫墓时会不经意间大声喧哗、嘻笑怒骂，其实这不符合中华传统礼仪。我想他们并不是真正地孝顺长辈，因为真正的孝顺应该是“______________”。
5. 同学们，你们记得父母的生日和年龄吗？必须记得哦！因为古人说过：“______________。”不过，古人记住父母的年龄常常带着复杂的感情——“______________”。随着我们一天天长大，我们的父母也年龄渐长，小朋友们，你们是否也有这种复杂的情感呢？
6. 百善孝为先。孝，对于任何一个人都是天经地义的品行，大人如此，小孩亦如此。所以，我们无论在家里还是在学校，都要谨记“______________”的古训。

7. 古人说“____________________”，然而天地间只有皇上才能坐拥天下（古代皇帝号称“家天下”）。孩子们，你们会怎样孝敬自己的父母呢？或许努力地学习，做一些力所能及的家务，便是目前我们对父母最好的回报。

8. “世上只有妈妈好，没妈的孩子像根草，离开妈妈的怀抱，幸福哪里找？”这首《世上只有妈妈好》相信同学们都听过，这首歌不是很好地说明了“____________________”的道理吗？

9. 中国有句古话叫“子欲养而亲不待”，美国有句现代名言说“____________________”，无不在告诉我们尽孝要趁早，要珍惜当下。

03

至诚有信

至诚有信导引

“诚”是“人之为人”的一种内在品质，荀子有言“君子养心莫善于诚”。要达到至诚境界，首先要做到“毋（wú）自欺”。然而，“毋自欺”说起来容易做起来难，因为自己的行为、心思，只有自己最清楚。克服自欺的猛药就是在“慎独”上下功夫，不管是否有人监督自己，都要一如既往地“诚”；要敞开心胸，时时反省自身，寻己不足而改之。如能真正做到表里合一、知行合一，便可洒脱自在，拥有一片灿烂的精神风景。

“有信”与“至诚”可谓一对同胞姐妹，因为有信不仅要一诺千金，还要诚在心中，“义以为上”。这样不但可以建立让自己生命增值的信任系统，还可以对社会产生积极的影响。

一个人想要在社会上立足，就要为自己的生命积蓄力量，做一个至诚有信的人。有了它，当下未必顺畅，未来一定成功；没有它，当下也许获利，未来一定失败。

名言

1 子曰:“人而无信，不知其可也。大车无輗（ní），小车无軏（yuè），其何以行之哉？” ——《论语·为政篇》	孔子说:“一个人不讲信用，不知道他怎么可以（立身处世）。这就好比牛车没有輗，马车没有軏（没有輗和軏，便不能驾牲口），那车怎么能走呢？”
2 言必信，行必果。 ——《论语·子路篇》	说话一定诚信，做事一定果断。
3 诚者，天之道也；诚之者，人之道也。 ——《中庸》	真诚，是自然法则；追求真诚，是做人的原则。
4 唯天下至诚，为能经纶天下之大经，立天下之大本，知天地之化育。 ——《中庸》	唯有天下最诚的人，才能掌握治理天下的大纲，树立天下的根本道德，知晓天地化育万物的道理。
5 巧诈（zhà）不如拙（zhuō）诚。 ——《韩非子·说林上》	巧妙的欺诈不如笨拙的诚实。
6 人之所以为人者，言也。人而不能言，何以为人？言之所以为言者，信也。言而不信，何以为言？ ——《春秋穀（gǔ）梁传》	人之所以称其为人，是因为能言语。如果不能言语，何以称其为人？言语之所以称其为言语，是因为讲究信义。如果言而无信，何以称其为言语？
7 言而必信，期而必当，天下之高行也。 ——《淮（huái）南子·氾（fàn）论训》	说话一定要讲信用，约定的事一定要承担下来付诸行动，这是天下公认的高尚品行。

8 至诚则金石为开。

——《西京杂记》

真诚到极致，就连金属和石头都能为之开裂。

---

9 为国之道，食不如信。立人之要，先质后文。

——沈约《宋书·江夷传》

治国的方法，以食物养民不如讲究信用。做人的根本，质朴为先而后修饰以文采。

---

10 古之所谓正心而诚意者，将以有为也。

——韩愈《原道》

古人所说的心思纯正、意念真诚，都是为了将来有所作为。

---

11 文以行为本，在先诚其中。

——柳宗元《报袁君陈秀才避师名书》

读书人以德行修养为本，而德行中真诚摆在首位。

---

12 诚不至者物不感，损不极者益不臻（zhēn）。

——《新唐书》

真诚达不到极致就不能感动人，亏损达不到极点利益就不能达到。

---

13 夫信者，人君之大宝也。国保于民，民保于信；非信无以使民，非民无以守国。是故古之王者不欺四海，霸者不欺四邻，善为国者不欺其民，善为家者不欺其亲。

——司马光《资治通鉴》

信誉，是君主至高无上的法宝。国家靠人民来保卫，人民靠信誉来保护；不讲信誉无法使人民服从，没有人民便无法维持国家。所以古代成就王道者不欺骗天下，建立霸业者不欺骗四方邻国，善于治国者不欺骗人民，善于治家者不欺骗亲人。

---

14 诚之所感，触物皆通。

——吴处厚《青箱杂记》

真诚的感化作用，对任何事物都行得通。

---

15 进学不诚则学杂，处事不诚则事败，自谋不诚则欺心而弃己，与

学习不诚心就会学得杂乱无章，处理事情不讲诚信就会做事失败，自

人不诚则丧德而增怨。

——《二程粹言·论学篇》

己考虑事情不诚心会自欺欺人以至失去自我，和别人交往不诚心就会丧失道德而招人怨恨。

---

16 **诚以待物，物必应以诚。诚与疑，治乱之本也，不可以一臣诈而疑众臣，一士诈而疑众士。**

——《宋史·何郯（tán）传》

对待事物拿出诚恳的态度，那么事物的结果也会回报以诚信。真诚与猜疑，是治与乱的根本，不可以因为一个大臣奸诈而怀疑所有大臣，因为一个士子奸诈而怀疑所有士子。

---

17 **伟大人格的素质，重要的是一个诚字。**

——鲁迅

18 **千教万教，教人求真；千学万学，学做真人。**

——陶行知

19 **世界未有比真诚的人更为可贵的。**

——［古罗马］ 西塞罗

20 **一清如水的生活，诚实不欺的性格，无论在哪个阶层里，即使心术最坏的人也会对之肃然起敬。**

——［法］ 巴尔扎克

故事一

一言九鼎（dǐng）重于泰山

一户普普通通的人家，为了一句嘱托，祖孙三代用行动演绎了中国人“千金一诺”的诚信佳话。

时光回到70余年前，林道志为了满足穷苦孩子有书读的夙（sù）愿，创办了上海基督教私立慕义学校。林先生乐善好施，当时免费招收了许多贫困人家的孩子，其中包括不少犹太难民的孩子。

1943年，在上海避难的犹太学校校长卡尔觉得林道志很可靠，回德国之前，将一批重要的英语、德语和希伯莱（lái）语书籍，以及一些珍贵的宗教书籍全部寄放在林道志处，并委托他保管。卡尔校长对林先生说：“书籍先暂时寄存在您这里，我一定会回来取的。”然而，这一别竟成永诀（jué）。2000本书静静地“躺”在林家整整70年，其间虽经历了风风雨雨，但完好无损。

当年林道志家隔壁是日本人的军火库，鉴于这个地方很危险，他便雇了10余名挑夫，携家人肩挑手提地将书全部运回了老家浙江黄岩。不久美军投弹轰炸了这片区域，由于林道志未雨绸缪（móu），这些书幸免于难。抗战胜利后，他又不辞辛劳地将这批书搬运回上海。

“文革”期间，红卫兵发现了这批书，将这几箱书搬到了广场上准备焚（fén）毁，当时突然狂风大作，暴雨如注，焚烧计划不得不放弃。那些书再次侥（jiǎo）幸躲过了一劫。

辛劳一生的林道志先生始终未等到卡尔归来，1981年2月，他带着遗憾离开了。临终前，他念念不忘地嘱托儿孙，坚守保管并归还书籍的承诺。

岁月流转，林道志夫妇及他们的长子林尊义、次子林尚义相继病逝。跌宕（dàng）多舛（chuǎn）的遭遇，致使“寻主”一事愈加艰难。然而，他的儿孙们恪（kè）守承诺，依然精心守护着2000本珍贵的书籍。

如今，保管书籍的重任落在了林先生的儿媳潘碌女士身上。她原先的居所狭小局促，这2000本书曾经一直放在亭子间，并占据了绝大部分空间。为此，潘女士的儿子16岁前一直和父母睡在一个房间。此后，潘女士一家为安置书籍想方设法，在不足10平方米的房间中，他们仍将这些书安放在靠墙的书架上，还考究地将它们垫高，以防受潮或被老鼠啃食。林先生的儿媳潘碌郑重地说：“我公公保管这些书40年，我丈夫接着保管了20年。我不能允许自己有任何闪失，更不可能把它们当作财富变卖，绝不可以！”

70年的坚守既见证了一种信任，也见证了一种承诺。寻主的路也许还很漫长，但林家三代信守诺言，传承70年，无怨无悔，令世人感叹。

感悟心语

“言忠信，行笃（dǔ）敬。”古老相传的信条，演绎出现代传奇。七十载花开花谢，三代人春来秋往，只为一句简单的承诺，林家人震撼接力。岁月流转，信义伴随时光的车轮碾（niǎn）出深深的辙（zhé）痕。

故事二

写在心里的字据与立在纸上的契（qì）约

据《清稗（bài）类钞·敬信》记载：苏州吴县有一位叫蔡嶙（lín）的商人，因重诺守信受到众人爱戴。他的好朋友把千金存放在他家里，没有立下任何字据。不久，朋友不幸病故。蔡嶙把朋友的儿子叫到家中，语重心长地说："这是你父亲生前存放在伯伯家中的钱财，如今他已不在人世，你拿去做生意吧，以后要自力更生，好好做人，好好生活。"朋友的儿子是一个诚实的好孩子，不愿无缘无故地接受这无凭无据的重金，便推辞道："父亲生前从没对任何人提起此事。况且这么多钱财，父亲怎会不立字据便存放在您这里呢？我不能要。"蔡嶙欣慰地说："孩子，做人应该诚实守信。这千金的字据立在我心中，不立在纸上。我和你父亲是至交好友，他了解我的为人，所以没告诉你。"说完，把千金完璧归还。

同样，在西方也流传着一个感人至深的故事。

一个年仅五岁的孩子不幸坠崖身亡，孩子的父母悲痛欲绝，为了表达对孩子的思念，便在落崖处给孩子修建了一座坟墓。

后来这家人历经种种磨难，终因家道衰落，不得不转让这片土地，但孩子的父母对新主人提出了一个特殊要求：把孩子的坟墓作为土地的一部分永远保留。新主人听了他们的故事，同意了这个条件，并写进了契约。

100 年过去了，这片土地辗（zhǎn）转易主，但一直不变的是孩子的坟墓仍然留在那里。

1897 年，这块土地被选为总统格兰特的陵（líng）园，而孩子的坟墓依然被完整地保留下来。

又一个 100 年过去了。1997 年 7 月，格兰特总统的陵墓建成 100 周年时，当时的纽约市市长来到这里，在缅怀格兰特总统的同时，重新修整了孩子的坟墓，并亲自撰写关于孩子墓地的故事，让它世世代代流传下去。

感悟心语

无论时代如何变迁，无论生活在哪个国度，生命不可能从谎言中开出灿烂的鲜花，诚信永远守护着心灵的净土。

学以致用

1. 我们从小就要培养说话算话的意识，答应老师要好好预习、好好听讲、好好写作业，就要告诫自己“君子一言，驷（sì）马难追”，说到做到，因为“______________________”
2. 我们曾在国旗下庄严宣誓，要做一个讲诚信、重承诺的好孩子，日常生活中我们时刻提醒自己要言行合一，因为我们时刻谨（jǐn）记“______________________”的训导。
3. 有时候考试成绩不理想，故意藏起试卷不让家长知道；有时候做了错事，为了掩盖真相，将自己的责任推得一干二净……这些行为违背了真诚这一自然法则和做人原则。古人早就说过“______________________________________”，可见真诚对为人处世有多么重要！

4. 与其舞弊考 100 分，不如诚实作答，即使考了很低的分数，老师也会更喜欢后者，因为这样的学生虽然愚笨，但诚实不欺，更值得人们喜爱，这正印证了古人的训诫——“________________________”。

5. “六一”儿童节那天，我们学校想请一位退休老艺术家给我们讲一堂文化展示课。但是老艺术家事务繁忙，非常难请，我们三顾茅庐，终于“________________________”，老艺术家答应了我们的请求。

6. 同学们从小就要培养诚实本分的品质，长大了才能有所作为，因为“________________________”。可别因为小时候不重视诚信品质，将来发出“‘诚’到用时方恨少”的感慨哦！

7. 同学们，学习知识固然重要，可更重要的是学习如何做人。所以，我们应该从小培养优良品质，其中待人以诚是最重要的，正所谓“___________________________”。

8. 在互相批阅试卷的时候，A 同学总是希望对方比自己的分数低，所以总是刻意鸡蛋里挑骨头，不该扣的分也挖空心思地扣分；B 同学总是想占对方的小便宜，虚伪地夸赞对方学习好。这些行为被识破后，往往会招来对方的怨恨，这些事例充分说明与人交往时应谨记“________________________”。

9. 老师作为教书育人的践行者，应以“真”字作为自己的立教之本，教学生追求真理，养真道德，正所谓“_____________________________”。想想我们的老师，想想我们自己，是否真的做到了这一点呢？

04

永存感恩

永存感恩导引

我们每个人，从呱呱坠地到长大成人，一路走来，有太多需要感恩的人、情、物铭刻在我们生命中。我们感激父母的养育之恩，感激老师的培养之恩，感激朋友的协助之恩，感激对手的激励之恩，感激大自然的风雨阳光之恩……

古语云："滴水之恩，当涌泉相报。"感恩，是我们学会做人做事、成就幸福人生的原点。生活中心存感恩，生命便充满了美好；竞争中心存感恩，就不会斤斤计较；事业中心存感恩，就会稀释心中的狭隘（ài）和固执；生命中心存感恩，就会使我们已有的人生资源变得更加厚重，心胸更加宽广，最终收获幸福、快乐的一生！

名言

名言	释义
1 父兮生我，母兮鞠（jū）我。拊（fǔ）我畜我，长我育我，顾我复我，出入腹我。欲报之德，昊（hào）天罔（wǎng）极！ ——《诗经·小雅·蓼莪（lù é）》	爹呀是你生下我，娘呀是你哺养我。抚摸我啊爱护我，养我长大教育我，照顾我啊挂念我，出门进门抱着我。如今想报爹娘恩，没想老天降灾祸！
2 投我以桃，报之以李。 ——《诗经·大雅·抑》	他送给我桃子，我以李子报答他。
3 事师之犹事父也。 ——《吕氏春秋·劝学》	对待老师要像对待自己的父亲一样。
4 明师之恩，诚为过于天地，重于父母多矣。 ——葛洪《抱朴子·勤求》	贤明的老师对我的恩情，的确胜过了天地，比父母对我的恩情重得多。
5 谁言寸草心，报得三春晖。 ——孟郊《游子吟》	谁说（子女）像小草那样微弱的孝心，能报答得了春日暖阳一样的慈母恩情呢？
6 一日为师，终日为父。 ——《太公家教》	哪怕只教过自己一天的老师，也要终生像对待父亲那样敬重他。
7 羊有跪乳之恩，鸦有反哺之义。 ——《增广贤文》	小羊羔有跪下吮（shǔn）吸母乳的感恩举动，小乌鸦有衔食喂母鸦的情义。
8 为学莫重于尊师。 ——谭嗣（sì）同《浏阳算学馆增订章程》	学习没有比尊重老师更重要的了。

9 **片言之锡（通“赐”），皆吾师也。**

——梁启超《中国历史研究法自序》

即使是只言片语的赐教，也都是我的老师。

---

10 **吃水不忘挖井人，前人栽树后人乘凉。**

——佚（yì）名

11 **人家帮我，永志不忘；我帮人家，莫记心上。**

——华罗庚

12 **感恩是精神上的一种宝藏。**

——［英］洛克

13 **感恩即是灵魂上的健康。**

——［德］尼采

14 **我的手还能活动；我的大脑还能思维；我有终生追求的理想；我有爱我和我爱着的亲人与朋友；对了，我还有一颗感恩的心……**

——［英］霍金

故事一

一饭千金

韩信是西汉开国名将，与萧何、张良并称汉初三杰。在中国军事史上，他绝对是一位绝代奇才。

可这位天才军事家未得志时，生活很是困苦。他自小父母双亡，虽用功读书、拼命习武，但一日三餐都难以为继，又没有经商谋生之道，只能到处投亲靠友。长此以往，亲戚（qī）好友都对他嗤之以鼻。

后来，韩信到下乡南昌亭长家中蹭（cèng）吃蹭喝，一连去了几个月。亭长的妻子为此大伤脑筋，于是她每天很早就把饭做好，让家人在床上吃好早饭。到了正常用餐时间，她便不再给韩信准备饭食。韩信受辱，愤恨离去。这些经历让韩信早就看透了人情冷暖。

为了果腹，韩信常常到城边的河里钓鱼。如果碰到运气好，便可以解决一餐温饱。可这终究不是可靠的法子，无法彻底解决生活问题。幸而他在时常钓鱼的地方碰到一位好心的老妇人，她常常在附近洗衣衫，见韩信三餐不继，便时常接济他。韩信感念老妇人在危难之时的舍饭之恩，便感激地对她承诺："我将来一定好好报答您。"可老妇人听了韩信的话，生气地说："身为男子汉大丈夫，竟然不能养活自己，我是看你可怜才给你饭吃，难道还指望你报答我吗？"韩信闻言十分惭愧（cán kuì），他暗下决心，一定要成为顶天立地的男子汉，干出一番事业来。

"艰难困苦，玉汝（rǔ）于成"，生活的艰难练就了韩信坚韧奋进、不达目的不罢休的性格。不经一番寒彻骨，怎得梅花扑鼻香。韩信创下的丰功伟绩得益于艰苦的生活给予他的历练。

韩信跟随汉高祖刘邦南征北战，立下了汗马功劳，被封为楚王，但他从没有忘记在他艰难困苦时舍他饭食的那位老妇人，于是命人送去酒菜绸缎（chóu duàn）和千两黄金报答她的恩情。

“滴水之恩，当涌泉相报。”不忘感恩之人才是真豪杰、大丈夫，才能够有底蕴（yùn）做大事。

感悟心语

感恩是一种处世哲学，感恩是一种生活态度，感恩是一个人不可磨灭的良知。我们可以通过感恩的桥梁走向光明的未来。

故事二

居里夫人和她的老师

玛丽·居里（1867—1934），世称“居里夫人”，法国著名波兰裔（yì）科学家、物理学家、化学家。1903 年，居里夫妇和贝克勒尔因为对放射性的研究共同获得诺贝尔物理学奖，1911 年居里夫人因分离出纯的金属镭（léi）获得诺贝尔化学奖，成为历史上第一个两次获得诺贝尔奖的人。

居里夫人在取得举世瞩（zhǔ）目的成就，受到世人尊敬爱戴时，首先想到的是年少时教她法语的欧班老师。

某天，欧班老师收到了一封由华沙邮局派专差送来的挂号信，信封上署名“玛丽·居里”。欧班老师不敢相信自己的眼睛，一位享誉世界的伟大科学家，怎么会给一个又老又穷、默默无闻的老师写信呢？直到邮差肯定收信人没错，她才用颤抖的手拆开了信封。

欧班老师仔细读完信，泪水已经涌出了眼眶，原来玛丽·居里就是当年她引以为傲的学生玛妮雅！居里夫人在信中向老师深表敬意，并且诚恳地邀请老师到巴黎做客，还寄来了往返路费。

久别重逢的日子终于来临。这一天，居里夫人在家中热情接待了她敬爱的欧班老师，并亲自下厨做饭。饭后，她和老师促膝长谈，聊得十分尽兴。她的真诚让欧班老师忘掉了一切拘（jū）束，忘掉了面前这个人是一位诺贝尔奖获得者 。

1932 年 5 月，华沙镭研究所建成了。作为赞助人，居里夫人高兴地接受了祖国的邀请，去参加开幕典礼。典礼当天，共和国总统、部长、著名科学家都簇（cù）拥在居里夫人周围。

典礼快开始时，居里夫人突然从主席台上冲下来，穿过捧着鲜花的人群，来到一位坐着轮椅的老年妇女面前，深情地亲吻她的脸颊（jiá），并亲自推着她向主席台走去。这位满头银丝的老人就是欧班老师，幸福的泪水模糊了老人的双眼。见到这种情景，人们激动地报以雷鸣般的掌声。

“借得大江千斛（hú）水，研为翰（hàn）墨颂师恩。”纵使功成名就，居里夫人仍以谦卑之心、感恩之心对待恩师，她用实际行动塑造了一个伟大的灵魂！

感悟心语

不管一个人取得多么值得骄傲的成绩，都应该饮水思源，应该记住是自己的老师为他的成长播下了最初的种子。

——居里夫人

学以致用

1. 落红不是无情物，化作春泥更护花，这是花的感恩；士为知己者死，这是人的感恩。古人讲究相互赠答，知恩图报，正所谓“______________________________”。

2. 老师不仅教会我们知识，还教会我们如何做人，所以古人对老师十分敬重，他们“______________________________”，也难怪古人会说“一日为师，终日为父”。

3. 我的父母常年在外打工，当我需要爱与温暖的时候，班主任总会出现在我身边；当我犯错的时候，他总是宽容地开导我，而不是一味地批评责骂。每每想起这些，我都会情不自禁地吟诵“______________________________”。

4. “______________________________。”是啊，我们的母亲为我们做得实在太多太多了，起早贪黑洗衣做饭，时时处处嘘寒问暖，寒来暑往无不如此，我们怎能报答得了母亲对我们的养育之恩呢？

5. 小朋友们，你们知道吗？其实在大千世界中，不仅我们人类有感恩之心，动物也有感恩之心，比如“______________________”，它们都值得我们人类学习哦！

6. 在校园内，遇到老师要主动问好，不管他们是否教过我们，这样才是一个尊敬师长的好学生。可见，懂得“______________________”的道理，比学习知识更加重要。

7. 问路时为我们指明方向，失意时为我们加油鼓劲，远行时给我们温暖的叮咛……这些人都值得我们感恩，哪怕他们只是对我们说了一句微不足道的话语。因为一个怀有感恩之心的人，必然懂得“______________________”的道理。

8. 学校建校三十周年，创建学校的老校长来到学校参加庆典，作为学生代表，我想对老校长说“______________________”，我们一定好好学习，回报老校长及他的同事们当年的辛苦付出，谢谢他们！

9. 当我们取得优异成绩的时候，我们是否会想到我们的老师、父母、同学曾经对我们的帮助呢？要是没有老师的教导、父母的付出、同学的帮助，我们能取得这么好的成绩吗？作为小学生，我们要懂得感恩并永远铭记给过我们帮助的人，正所谓“______________________
______________”。

05

勤俭节约

勤俭节约导引

勤俭节约是中华民族的美德，是五千年文明古国的优良传统。从厉行节约的晏（Yàn）婴到“一钱太守”刘宠，从一代名相魏徵（zhēng）到民主革命家孙中山，都为我们留下一份份忧苦万民、勤劳天下的珍贵遗产。老一辈无产阶级革命家鞠躬尽瘁（cuì）、艰苦朴素的光辉事迹，更是彪（biāo）炳千秋。中华民族正是具有这种精神，才能生生不息、不断繁衍（yǎn）、兴旺发达，傲然屹（yì）立于世界民族之林。

现如今，“勤俭节约”却成了小气、贫穷的代名词，被误当成一种道德说教。殊不知，人类生活于同一个地球村，共享有限的地球资源，铺张浪费无异于慢性自杀。人类作为万物灵长，高尚之处便在于有责任心和爱心，一个不管后世子孙死活的先祖，难道还能称之为“人”？

可见，勤俭节约不仅仅是道德宣言，更是人之为人的重要品德。

名 言

1 克勤于邦，克俭于家。 ——《尚书·大禹谟（mó）》	能为国家大事不辞辛劳，居家生活俭朴。
2 俭，德之共也；侈（chǐ），恶之大也。 ——《左传·庄公二十四年》	节俭，是善行中的大德；奢侈，是恶行中的大恶。
3 节用于内，而树德于外。 ——《左传·昭公十九年》	在国内节约开支，而在国外树立德行。
4 因其国家，去其无用之费，足以倍之。 ——《墨子·节用上》	根据国家具体情况，去掉无用的开支，足够使国家财力增加一倍。
5 强本而节用，则天不能贫。 ——《荀子·天论》	加强农业生产，节省用度，那么上天也不能使人贫困。
6 侈而惰（duò）者贫，而力而俭者富。 ——《韩非子·显学》	奢侈而懒惰的人贫穷，勤劳而节俭的人富有。
7 君子以俭德辟（bì）难。 ——《易传·象上》	君子当以节俭之德避开危难。
8 静以修身，俭以养德。 ——诸葛亮《诫子书》	依靠恬（tián）静来修养身心，依靠节俭来培养品德。
9 不念居安思危，戒奢以俭，德不处其厚，情不胜其欲，斯亦伐根	如果不在安逸（yì）的环境中想着危难，戒奢侈、行节俭，道德不能

以求木茂，塞（sè）源而欲流长也。

——魏徵《谏太宗十思疏》

保持宽厚，性情不能克服欲望，这就像挖断树根而求树木茂盛，堵塞源头而想要泉水流得远啊。

---

10 **历览前贤国与家，成由勤俭破由奢。**

——李商隐《咏史》

纵观历代贤达治理国家的事迹，无不是兴于勤俭，亡于奢靡（mí）。

---

11 **奢则妄（wàng）取苟（gǒu）求，志气卑辱，一从俭约，则于人无求，于己无愧，是可以养气也。**

——罗大经《鹤林玉露》

人一旦追求奢靡，就会胡取乱求，人格显得卑污屈辱。假如做到节俭简朴，就会对别人无所奢求，不愧对自己，这样就可以养出志气和气节来。

---

12 **一粥一饭，当思来之不易；半丝半缕（lǚ），恒念物力维艰。**

——朱柏庐《朱子家训》

一碗粥、一碗饭，应该想想它们来之不易；半根丝、半缕线，应常想想物资生产艰难。

---

13 **节约莫怠（dài）慢，积少成千万。**

——范继亭

14 **节约与勤勉是人类两个名医。**

——［法］卢梭

15 **节俭是你一生中食之不完的美筵。**

——［美］爱默生

故事一

皇帝请客

在中国古代，一个一无所有的年轻人，要吃过怎样的苦、走过怎样的路、经历怎样的磨难、付出怎样的代价，才能创建一个帝国，为万世开太平？这样的人，几千年来寥（liáo）寥无几，今天我们要讲的是明太祖朱元璋（zhāng）。

朱元璋出身贫寒，从爷爷那一辈起就因家贫不断迁徙（xǐ），后来定居今天的安徽凤阳县。朱元璋早年读过几个月的私塾（shú），之后辍（chuò）学在家给地主放牛。由于一次天灾，朱元璋的家人相继死去。朱元璋孤苦无依，只好去皇觉寺出家为僧（sēng）。可没过多久，寺院住持封仓遣散僧人，朱元璋只好四处云游，化缘乞讨。他过了四年颠沛（diān pèi）流离的生活，这段经历对他来说刻骨铭心。可正是这段经历，磨炼了他的意志，开阔了他的眼界，更让他深深感受到底层老百姓的生活疾苦。

在政治黑暗、民不聊生的年代，朱元璋毅然走入军营，为自己的明天而战，为百姓的未来而战，最终，他完成了从“草根青年”到“布衣皇帝”的完美逆袭（xí）。

由于自小悲苦的生活经历，朱元璋对老百姓的贫苦感同身受，可那些达官贵人整天花天酒地，所以他决心整治这种不正之风。

当时正值马皇后寿辰，高官权贵都来贺寿。等百官来齐后，朱元璋吩咐上菜。菜肴（yáo）端上来，并非什么山珍海味，而是简单朴素的四菜一汤：炒萝卜、炒韭（jiǔ）菜、两碗炒青菜和一碗葱花豆腐汤。

吃惯了山珍海味的文武百官，见此情景，颇为不解。朱元璋见状，耐心地解释："萝卜上了街，药店无买卖；韭菜青又青，长治久安定人心；两碗青菜一样香，两袖清风好丞相；小葱豆腐青又白，公正廉洁如日月。"说完，朱元璋当众宣布：今后众卿（qīng）请客，最多只能"四菜一汤"，皇后的寿宴就是榜样，谁若违反，严惩不贷。那些官员听了朱元璋的一番言辞，明白了他的用意，无不诚惶（huáng）诚恐，连连称是，此后再也不敢肆（sì）无忌惮（dàn）地大吃大喝了。

时至今日，朱元璋的故乡凤阳还流传着四菜一汤的歌谣："皇帝请客，四菜一汤，萝卜韭菜，着实甜香；小葱豆腐，意义深长，一清二白，贪官心慌。"

感悟心语

"谁在平日节衣缩食，在穷困时就容易渡过难关；谁在富足时豪华奢侈，在穷困时就会死于饥寒。"一个家庭是这样，一个国家也是这样。勤俭节约不仅是一种态度，也是一种精神。

故事二

勤俭朴素的周总理

曹靖（jìng）华先生曾在《永生的人——怀周恩来同志》一文中

写道："你平易近人，自奉俭约，也是举世罕见的。"

真正伟大的人物似乎天生就是朴素平凡的人，就如我们敬爱的周总理，他勤俭节约的小故事妇孺皆知，传为美谈。

当年在国务院会议厅入口处，有一块镌（juān）刻着"艰苦朴素"四个大字的木屏风，这是周总理生活作风的写照。在国务院会议上，人们不止一次听到周总理拒绝装修会议厅："只要我当总理，会议厅就不准装修。"

他一贯倡导勤俭节约，要求一切招待必须是国货，切忌铺张华丽，有失革命精神和艰苦奋斗的作风。周总理饮食清淡，每餐一荤（hūn）一素一汤，吃剩的饭菜从不浪费，总留到下一顿再吃。国务院经常召开国务会议，有时会议过午还不能结束，食堂便做工作餐。总理规定，工作餐标准是四菜一汤，饭后每人交钱交饭菜票，谁也不例外。总理吃完饭，总会夹起一片菜叶把碗底一抹，把饭汤吃干净，最后再把菜叶吃掉。吃饭时，偶尔掉一颗饭粒在桌上，他也不舍得浪费，马上拾起来吃掉。有人对他如此节俭感到不解，总理说："这比人民群众吃得好多了！"三年困难时期，总理和全国人民同甘共苦，带头不吃猪肉、鸡蛋，不吃稻米饭。一次，炊事员对他说："您这么大年纪了，工作起来没日没夜的，又吃得不多，就不要吃粗粮了！"总理回答："不，一定要吃，吃着它，就不会忘记过去，就不会忘记人民哪！"

在公务场合他是总理，在生活中，他是一个最朴素的平民。他，是世界上最平民化的总理。

有一次周总理出国访问，衣服破了，秘书把它送到我国驻（zhù）外大使馆去补洗。当大使夫人抱着这团衣服回来时，伤心得泪水涟（lián）涟，她生气地对工作人员说："原来你们就这样照顾总理啊！这是一个大国总理出国访问的衣服吗？"

总理的一件衬衣多处打过补丁，白领子和袖口是换过几次的，一件毛巾睡衣本来是白底蓝格，却早已磨得像一件纱衣。这样寒酸的行头当然不便出外示人，所以总理出国总带一个特殊的箱子。不管住多高级的宾馆，每天早晨随行人员先将这一身行头收入箱内锁好，才允许宾馆服务生进去整理房间。不知道的人还以为这里面装着最高机密，殊不知，这里面锁着一个高贵的灵魂。

总理在国内办公时就不必这样遮挡“家丑”了，他一坐到桌旁，就套上一副蓝布袖套，那样子就像一个坐在包装台前的工人。许多政府工作报告、国务院文件和震惊世界的声明，都是在这蓝袖套下写出来的。

1976年，敬爱的周总理去世了。负责整理周总理和总理夫人工资收入及支出账目的人回忆，周总理的收入只有工资和工资结余存款所得的利息，并无其他进账。而支出项目主要集中于伙食费、党费、房租费、订阅报纸费、日用开支以及补助亲属和工作人员、捐赠等。周总理逝世后，他和夫人的存款总共才5100元。

周总理曾说：“我们国家的干部是人民的公仆，应该和群众同甘苦、共命运。如果图享受、怕艰苦，甚至走后门、特殊化，那是会引起群众公愤的。”我们敬爱的周总理官而不显、党而不私、劳而无怨、生而无后、死不留灰，两袖清风，鞠躬尽瘁，他的人格魅力不会随着时光的流逝而减损而淡薄，相反，会更加显现出它的价值和意义，在我们面前熠（yì）熠生辉！

感悟心语

江泽民同志在周总理诞辰100周年纪念大会上指出："周恩来同志是中国人民的忠实儿子，是中国共产党人的优秀代表。周恩来，这是一个光荣的名字，一个不朽的名字。在他的身上，凝铸着中华民族的传统美德和工人阶级的优秀品格。他的崇高精神和人格，感召和哺育着一代一代共产党人，已经成为推进我们党和国家事业的一种巨大力量。"高山仰止，景行行止。虽不能至，然心向往之。

学以致用

1. 习爷爷是一个"____________________"的人，他不仅为国家日夜操劳，还有勤俭持家的美德。这显然得益于父母的耳濡（rú）目染，他曾经说过："学父亲的俭朴生活，父亲的节俭几近苛刻。……我们从小就是在父亲的这种教育下，养成勤俭持家习惯的。"
2. 我们从小就要树立勤俭节约的美德。有时看到身边的同学相互攀（pān）比，大手大脚乱花钱，便想起这句古训"____________________"。可见，我们不能轻视节俭品质的培养，不可忽视奢侈浪费的害处。
3. 当今世界，国际竞争日趋激烈，要在竞争中站稳脚跟，就应遵循

“______________________”的古训，这样国力才会日益强盛，我们的国家才能在国际间享有盛誉。

4. 人，既要会赚钱，又要会省钱，这样上天也不能令人贫困。同学们，赶紧回去把“______________________”的道理告诉父母吧！

5. 除了突发横财、继承祖业使人富有，自然灾害、身体病痛使人贫穷外，贫穷与富有都与自身的勤与惰、俭与奢分不开，正所谓“______________________”。

6. 老师常常提醒我们上课时认真听讲，下课时文明休息，做作业时心无旁骛（wù），还叮嘱我们循环利用废纸，节约用水用电，从日常小事中提高自己的修养，培养自己的品德，这不正是教育我们“______________________”吗？

7. “______________________”，治理国家是这样，打理小家也是这样。只有崇尚节俭，拒绝浪费，才能令大家和小家兴旺发达。

8. “锄禾日当午，汗滴禾下土。谁知盘中餐，粒粒皆辛苦。”这首《悯（mǐn）农》相信同学们都还记得，可是有的同学不珍惜粮食，养成铺张浪费的坏习惯，我们可以用“______________________”来规劝他们。

06

结交益友

结交益友导引

“近朱者赤，近墨者黑”，朋友间的影响绝对不可小觑（qù），正如帕斯卡尔所说：“我们由于交往而形成了精神和情感，但我们也由于交往而败坏着精神和情感。”一旦交友不慎（shèn），会在人生起步之初就偏离正确的航向，有时甚至有性命之虞（yú）。孙膑（bìn）交庞涓（juān）而被刖（yuè）足，韩非交李斯而被囚杀等残忍真实的历史便是佐（zuǒ）证，也为每个人敲响警钟：交友一定要有所选择，慎之又慎！

看，𠂇𠂇是“友”的甲骨文，好像顺着同一方向的两只手，表示以手相助。这就告诉我们，交友要交志同道合之人，无论顺境还是逆境，好朋友都能够给你支持，给你鼓励，与你风雨同舟。历史上的管鲍之交、钟子期与俞伯牙等就是我们交友的典范。

名 言

1 无友不如己者。 ——《论语·学而篇》	不要跟不如自己（品质好）的人交朋友。
2 子游曰："事君数（shuò），斯辱矣；朋友数，斯疏（shū）矣。" ——《论语·里仁篇》	子游说："侍奉君主太烦琐，就会招致侮辱；对待朋友太烦琐，就会被疏远。"
3 曾子曰："君子以文会友，以友辅仁。" ——《论语·颜渊（yuān）篇》	曾子说："君子以文章学问来结交朋友，依靠朋友帮助自己培养仁德。"
4 孔子曰："益者三友，损者三友。友直，友谅，友多闻，益矣。友便辟，友善柔，友便佞（nìng），损矣。" ——《论语·季氏篇》	孔子说："有益的朋友有三种，有害的朋友有三种。同正直的人交友，同诚信的人交友，同见闻广博的人交友，这是有益的。同谄（chǎn）媚奉承的人交友，同当面恭维背后毁谤（bàng）的人交友，同花言巧语的人交友，这是有害的。"
5 君子之交淡若水，小人之交甘若醴（lǐ）；君子淡以亲，小人甘以绝。 ——《庄子·山木》	君子的交情淡得像清水一样，小人的交情甘美得像甜酒一样；君子淡薄却亲切，小人甜蜜却易断绝。
6 贤者善人以人，中人以事，不肖者以财。 ——《吕氏春秋·不苟论·赞能》	贤明的人与人亲善是根据这个人的仁德，一般的人与人亲善是根据这个人的功业，不肖的人与人亲善是根据这个人的财富。

7 独学而无友，则孤陋而寡闻。

——《礼记·学记》

独自学习而没有朋友（相互切磋），就会学识浅陋而见闻不广。

---

8 与善人居，如入芝兰之室，久而自芳也；与恶人居，如入鲍（bào）鱼之肆，久而自臭也。

——颜之推《颜氏家训》

和品德高尚的人交往，如同进入摆放芷（zhǐ）兰香草的房间，久而久之自己也满身芳香；和品行低劣的人交往，如同进入贩卖咸鱼的店铺，久而久之自己也满身臭味。

---

9 君子先择而后交，小人先交而后择。故君子寡（guǎ）尤，小人多怨。

——《中说·魏相篇》

君子交友是先选择后结交，小人交友则是先结交后选择。所以君子少过错，小人多抱怨。

---

10 海内存知己，天涯若比邻。

——王勃《送杜少府之任蜀州》

四海之内有知己好友，即使远在天边，也感觉像近邻一样。

---

11 桃花潭水深千尺，不及汪伦送我情。

——李白《赠汪伦》

即使桃花潭水有千尺深，也比不上汪伦送别我的一片深情。

---

12 大凡君子与君子以同道为朋，小人与小人以同利为朋。

——欧阳修《朋党论》

大概君子与君子因志同道合结为朋党，小人与小人因共同利益结为朋党。

---

13 道义相砥（dǐ），过失相规，畏友也；缓急可共，死生可托，密友也；甘言如饴（yí），游戏征逐，昵（nì）友也；利则相攘（rǎng），患则相倾，贼友也。

——苏浚（jùn）《鸡鸣偶记》

在道义上互相砥砺（lì），匡正过失，这是令人敬畏的朋友；无论事情轻重缓急都能一起面对，并能托付生死，这是亲密的朋友；用甜言蜜语相互吹捧，终日嬉（xī）戏放荡，这是亲昵的朋友；有利可图时相互排挤，患难时相互倾轧（yà），这是害人的朋友。

14 万两黄金容易得，知心一个也难求。

——曹雪芹

15 以“淡”字交友，以“聋”字止谤，以“刻”字责己，以“弱”字御侮。

——李叔同

16 人生得一知己足矣，斯世当以同怀（志趣相投的朋友）视之。

——鲁迅

17 我们想的是如何养生，如何聚财，如何加固屋顶，如何备齐衣衫，而聪明人考虑的却是怎样选择最宝贵的东西——朋友。

——［美］爱默生

18 真正的朋友不把友谊挂在口上，他们并不为了友谊而互相要求点什么，而是彼此为对方做一切办得到的事。

——［俄］别林斯基

19 友谊像清晨的雾一样纯洁，奉承并不能得到友谊，友谊只能用忠实去巩固它。

——［德］马克思

20 世间最美好的东西，莫过于有几个头脑和心地都很正直的朋友。

——［瑞士/美国］爱因斯坦

故事一

伯牙摔琴谢知音

春秋战国时期，楚国有一位非常著名的音乐家，名叫俞伯牙。俞伯牙从小聪慧过人，有极高的音乐天赋，他的老师是当时造诣（yì）颇深、久负盛名的琴师成连。

俞伯牙跟着成连学了三年琴，技艺大长，也成了当地很有名气的琴师。但是俞伯牙常常十分苦恼，因为他觉得自己的琴艺遇到了瓶颈，无论怎么勤学苦练，都很难更上一层楼。成连得知他的苦恼后，对他说："你跟着我学了三年琴，我已把全部技艺传授给你，你的琴技已炉火纯青了。至于音乐的感受力、悟性等，我自己也没学好。我的老师方子春是一代宗师，他琴艺高超，对音乐有着独特的感受力。他现今住在东海的一个岛上，我带你去拜见他，你跟着他继续深造吧。"俞伯牙闻言大喜，连声称好。

师徒二人准备了充足的食品，乘船向东海出发。一天，船行至东海的蓬莱（péng lái）山，成连对伯牙说："你先在蓬莱山稍候，我去接老师，很快就回来。"说完，成连便划船离开了。

许多天过去了，成连都没回来。俞伯牙身处孤岛，整日与海为伴，与山林飞鸟为伍，内心世界发生了极大变化。自然的灵气滋养了他，使他真正体会到音乐的本质：好的音乐一定是从内心流淌出来的，能够感动自己，打动他人。这时，他才了解老师成连带他来这里的真正用意。后来，俞伯牙成了杰出的琴师，许多人赞美他的琴艺，可他觉得没有人真正听懂他的琴声。

某日，俞伯牙乘船沿江游玩。船行至一座高山时，天公不作美，突然下起了大雨。于是，他把船停在山边避雨。伯牙听着淅沥（xī lì）的雨声，眼望雨打江面的生动景象，琴兴大发。他拿出随身带来的琴，专心致志地弹了起来，弹了一曲又一曲。正当他完全沉醉在优美的琴声中，忽然感觉到有人在听他弹琴。他定睛一看，见一个樵（qiáo）夫静静地站在岸边。伯牙请樵夫上船，对他说："我为你弹一首曲子吧。"随即，他弹了一曲《高山流水》，樵夫听着仿佛融入了山水中，身心无比自由通畅，不由赞叹道："雄伟庄重，好像高耸入云的泰山；宽广浩荡，好像无边无际的江河。"伯牙大喜道："这个世界上只有你才懂得我的琴声，你真是我的知音啊！"这个樵夫就是钟子期，两个人一见如故，结为莫逆之交。伯牙与子期约定，来年中秋再来这里相会。

时间过得真快啊！第二年中秋，伯牙如约来到这里，可是他等啊等啊，怎么也不见子期赴约。于是他弹起琴来召唤这位知音，又过了好久，还是不见人来。第二天，伯牙向一位老人打听子期的下落，老人告诉他，子期已不幸染病去世了。临终前，他留下遗言，要把坟墓修在江边，到八月十五相会时，可聆（líng）听伯牙的琴声。

伯牙万分悲痛，他来到子期的坟前，凄（qī）楚地弹起了古曲《高山流水》。弹罢，他挑断了琴弦，长叹一声，把心爱的瑶（yáo）琴在青石上摔了个粉碎。他悲伤地说："我唯一的知音已不在人世了，这琴还弹给谁听呢？"

伯牙子期的情谊流芳千古，人们在他们相遇的地方筑起了一座古琴台。如今，美妙的乐曲还萦（yíng）绕在人们耳边，而知音难觅、知己难寻的故事却世世代代上演着。

感悟心语

《警世通言》中写道:“摔碎瑶琴凤尾寒,子期不在对谁弹。春风满面皆朋友,欲觅知音难上难。”“势利交怀势利心,斯文谁复念知音。伯牙不作钟期逝,千古令人说破琴。”

故事二

元白情深

文人相轻,自古皆然。但在文坛中,有两个文人给后世留下了文人相亲的佳话,他们就是白居易和元稹(zhěn)。

青年时代的白居易和元稹有着相似的经历和爱好,所以很快就成为无话不谈的好朋友。共同的政治主张与抱负,又使得他们成为政治上的盟(méng)友。

元和十年(815),白居易和元稹在长安久别重逢,两人经常秉烛夜谈,吟诗遣怀。可没过多久,刚直不阿(ē)的元稹因为对官场腐败深恶痛绝,得罪官场显贵,被贬为通州司马。同年,白居易也因为放荡不羁(jī),直言进谏,要求追查刺杀宰相武元衡一案,被权臣嫉恨,宪(xiàn)宗听信谗(chán)言,将他贬为江州司马。

白居易内心愁绪无限,在凄凄秋风中离开长安。他一路沿着元稹被贬时走过的路，寻找着好友留下的墨迹。一日他行至蓝桥驿（yì）时，一下马，便在驿站的墙柱上发现了元稹路过这里时写的一首《西归》，读后百感交集，提笔在旁边写了一首《蓝桥驿见元九诗》：

蓝桥春雪君归日，秦岭秋风我去时。

每到驿亭先下马，循墙绕柱觅君诗。

白居易离开蓝桥驿，经过商州、襄（Xiāng）阳，由汉水乘舟而行。在途中，他反复吟咏好友元稹的诗篇，来慰藉（jiè）自己孤独的心情。情之所至，他提笔写下《舟中读元九诗》：

把君诗卷灯前读，诗尽灯残天未明。

眼痛灭灯犹暗坐，逆风吹浪打船声。

元稹听说白居易被贬江州，极度震惊，不顾卧病在床，提笔给白居易写信，并赋诗一首《闻乐天授江州司马》：

残灯无焰影幢（chuáng）幢，此夕闻君谪（zhé）九江。

垂死病中惊坐起，暗风吹雨入寒窗。

白居易收到来信，被好友的关爱之情深深感动，他复信给元稹道："'垂死病中惊坐起'，这句诗就是不相干的人看了都会不忍卒（zú）读，何况是我呢？到现在每每看到它，我心里还是凄恻难忍。"

元稹收到回信，信未拆开就已泪眼模糊。妻子和女儿不知出了何事，惊得不知所措。元稹告诉她们，自己很少动容，只有在接到白居易来信时才会如此。元稹当即又写下一诗《得乐天书》，寄给白居易：

远信入门先有泪，妻惊女哭问何如。

寻常不省曾如此，应是江州司马书。

之后，元稹又收到白居易的诗《梦微之》，诗中写道：

晨起临风一惆怅（chóu chàng），通川湓（pén）水断相闻。

不知忆我因何事，昨夜三回梦见君。

元白二人的情谊从这些诗中可见一斑。斯人已逝，但他们的深厚友谊早已跨越时空，亘（gèn）古不变。

感悟心语

我珍重的友谊，是一件艺术品 / 被我从时间的浪沙中无意拾得 / 挂在匆忙奔驰的生活驿车上 / 有时几乎随风飘去，但并未失落 / 又在偶然的遇合下被感情底（的）手 / 屡次发掘，越久远越觉得可贵 / 因为其中回荡着我失去的青春 / 又赋予我亲切的往事的回味 / 受到书信和共感的细致的雕塑 / 摆在老年底（的）窗口，不仅点缀寂寞 / 而且像明镜般反映窗外的世界 / 使那粗糙的世界显得如此柔和

——穆旦《友谊》

学以致用

1. 同学们，你们择友有什么标准吗？从“______________”中我们便可知道哪些朋友是益友，哪些朋友是损友。
2. 假如你同学的品质为你所不齿，你最好不要与他成为朋友，因为古人早就说过“______________”。
3. 在学校作文大赛中，很多同学通过作文展示自己的才情与心灵，让

更多的人了解自己、走近自己，在与志同道合的朋友结交时，自己的品德修养不断得到提高，这不正是古人所提倡的“____________________”吗？

4. 同学们之间的友谊是最纯真的，不含任何功利之心，长久而亲切，不像一些因为利益而结交的“狐朋狗友”，难以长久，所以古人会说“________________”。同学们，从现在起我们要好好珍惜与朋友之间的友谊！

5. 课堂上，老师经常引导同学们进行小组合作，因为与他人一起学习能够取长补短，提高学习效率，古人不就说过“____________________”吗？

6. 常言道：“近朱者赤，近墨者黑。”与品学兼优的同学交往会促使你变得优秀，与品行不佳的同学交往会让你逐渐沉沦，难怪古人会说“________________”。

7. 小学毕业之际，同学们依依惜别，互留赠言、纪念品，此时我们可以用一句诗“________________”来表达同学之间的送别之情。

8. 相逢莫过于相识，相识莫过于相知。在人的一生中，知己是可遇不可求的，哪怕遇到一个，那也是天大的幸事，难怪古人会说“____________________”。

9. 能够真诚地指出你的不足，真心希望你越来越好的人，才是真正的朋友；而那些没有底线地恭维你，花言巧语地夸赞你的人，不配成为你的朋友，因为“________________”。

07

勤奋好学

勤奋好学导引

一个人要想在学习上更上一层楼或者有所建树，勤奋好学是必不可少的要素之一。

勤奋好学并不是死记硬背，更不是重复做题训练。学习对象既涵盖有字之书，也囊括无字之书。有字之书既有书本知识，也有课外知识，诸如电影、电视、优质网络资源等。无字之书，则是大自然中一切可以学习的资源，我们甚至可以从他人过往的生命实践中吸取经验与教训。

“少而好学，如日出之阳；壮而好学，如日中之光；老而好学，如炳烛之明。”只有勤奋学习的人，才有胆识不断改变、不停进取，才能达到“苟日新，日日新，又日新”的境界。

名言

1 **不学墙面。**

——《尚书·周官》

人如果不学习，就像面对墙壁站着，一物不可见，一步不能行。

2 **子曰："君子食无求饱，居无求安，敏于事而慎于言，就有道而正焉（yān），可谓好学也已。"**

——《论语·学而篇》

孔子说："君子饮食不求饱足，居住不要求舒适，对工作勤劳敏捷，说话小心谨慎，到有道的人那里去匡正自己，这样可以说是好学了。"

3 **子曰："学而不思则罔，思而不学则殆（dài）。"**

——《论语·为政篇》

孔子说："只学习而不思考就会感到迷茫而无所适从，只空想而不学习就会感到疑惑。"

4 **子曰："默而识（zhì）之，学而不厌，诲人不倦（juàn），何有于我哉？"**

——《论语·述而篇》

孔子说："默默地记住所学的知识，努力学习而不厌弃，教诲别人而不疲（pí）倦，这些事情我做到了哪些呢？"

5 **子曰："三人行，必有我师焉。择其善者而从之，其不善者而改之。"**

——《论语·述而篇》

孔子说："几个人一起走路，其中必有值得我效法的人。我选取他的优点来学习，看出他的缺点并对照自己加以改正。"

6 **子曰："盖有不知而作之者，我无是也。多闻，择其善者而从之；多见而识（zhì）之。知之次也。"**

——《论语·述而篇》

孔子说："大概有一种自己不懂却凭空造作的人，我没有这种毛病。多听，选择其中好的来接受；多看，全记在心里。这样的知，是仅次于'生而知之'的。"

7 子夏曰："日知其所亡（wú），月无忘其所能，可谓好学也已矣。"

——《论语·子张篇》

子夏说："每天学习一些新知识，每月温习已掌握的知识，可以说是好学了。"

---

8 博学之，审问之，慎思之，明辨之，笃行之。有弗学，学之弗能弗措也；有弗问，问之弗知弗措也；有弗思，思之弗得弗措也；有弗辨，辨之弗明弗措也；有弗行，行之弗笃弗措也。人一能之，己百之；人十能之，己千之。果能此道矣，虽愚必明，虽柔必强。

——《中庸》

广泛学习，详细询问，周密思考，明确辨别，切实实行。要么不学，一旦学习，没有学会绝不罢休；要么不问，一旦询问，没问明白绝不罢休；要么不思考，一旦思考，没有所得绝不罢休；要么不分辨，一旦分辨，没辨明白绝不罢休；要么不实行，一旦实行，不做到圆满绝不罢休。别人用一分的努力就能做到的，我用一百分的努力去做；别人用十分的努力做到的，我用一千分的努力去做。若真能做到这种地步，即使愚笨也可聪明起来，即便柔弱也可刚强起来。

---

9 学不可以已。

——《荀子·劝学》

学习不可以停止。

---

10 吾尝终日而思矣，不如须臾（yú）之所学也。

——《荀子·劝学》

我曾经整天思索，却不如学习片刻所得。

---

11 积土成山，风雨兴焉；积水成渊，蛟（jiāo）龙生焉；积善成德，而神明自得，圣心备焉。故不积跬（kuǐ）步，无以至千里；不积小流，无以成江海。骐骥（qí jì）

小土块堆积成山，风雨就从那里兴起；水流汇成深渊，蛟龙就在那里诞生；积累善行，形成高尚的品德，自然能达到最高的智慧，具备圣人的精神境界。所以，不积累一步半

一跃，不能十步；驽（nú）马十驾，功在不舍。锲（qiè）而舍之，朽（xiǔ）木不折；锲而不舍，金石可镂（lòu）。

——《荀子·劝学》

步的行程，就没办法到达千里之远；不积累细小的流水，就没办法汇成江河大海。千里马一跃，也不足十步远；劣马走十天，却能走得很远，它的成功就在于不停地走。刻一下就停下来，腐烂的木头也刻不断；不停地刻下去，金石也能雕刻成形。

---

12 玉不琢（zhuó），不成器；人不学，不知道。

——《礼记·学记》

玉石不加以雕琢，就不会成为一件好器物；人不经过学习，就不会通晓道理。

---

13 学然后知不足，教然后知困。知不足，然后能自反也；知困，然后能自强也。

——《礼记·学记》

通过学习才能知道自己的不足，通过教人才能感到困惑。知道自己的不足，然后能自我反省；感到困惑，然后能发愤图强。

---

14 善学者，师逸而功倍，又从而庸之。不善学者，师勤而功半，又从而怨之。

——《礼记·学记》

善于学习的人，老师不大费力，却可以达到事半功倍的效果，还归功于老师；不善于学习的人，老师教得吃力，却事倍功半，还会埋怨老师。

---

15 非学无以广才，非志无以成学。

——诸葛亮《诫子书》

不学习就无法增长才干，不立志就无法学有所成。

---

16 积学以储宝，酌（zhuó）理以富才。

——刘勰（xié）《文心雕龙》

努力学习，积累知识，就像储存珍宝一样；斟（zhēn）酌辨析事理，用以增长自己的才干。

17 业精于勤，荒于嬉；行成于思，毁于随。

——韩愈《进学解》

学业由于勤奋而专精，由于玩乐而荒废；德行由于独立思考而有所成就，由于因循随俗而败坏。

18 书山有路勤为径，学海无涯苦作舟。

——韩愈

如果你想要成功到达高耸入云的知识顶峰，勤奋就是那登顶的唯一路径；如果你想在无边无际的知识海洋里畅游，刻苦学习便是载你驶向成功彼岸的一艘（sōu）前行的船。

19 博观而约取，厚积而薄发。

——苏轼（shì）《稼（jià）说送张琥（hǔ）》

只有广见博识，才能择其精要而取之；只有积累丰厚，才能得心应手为我用。

20 学而不化，非学也。

——杨万里《庸言》

只知学习，却不能够融会贯通，不是有意义的学习。

21 力学如力耕，勤惰尔自知。但使书种多，会有岁稔（rěn）时。

——刘过《书院》

努力学习和努力耕种一样，辛勤懒惰你自己知道。只要多读书，播下知识的种子，自然会有丰收的时候。

22 天才是百分之一的灵感加百分之九十九的汗水。

——［美］ 爱迪生

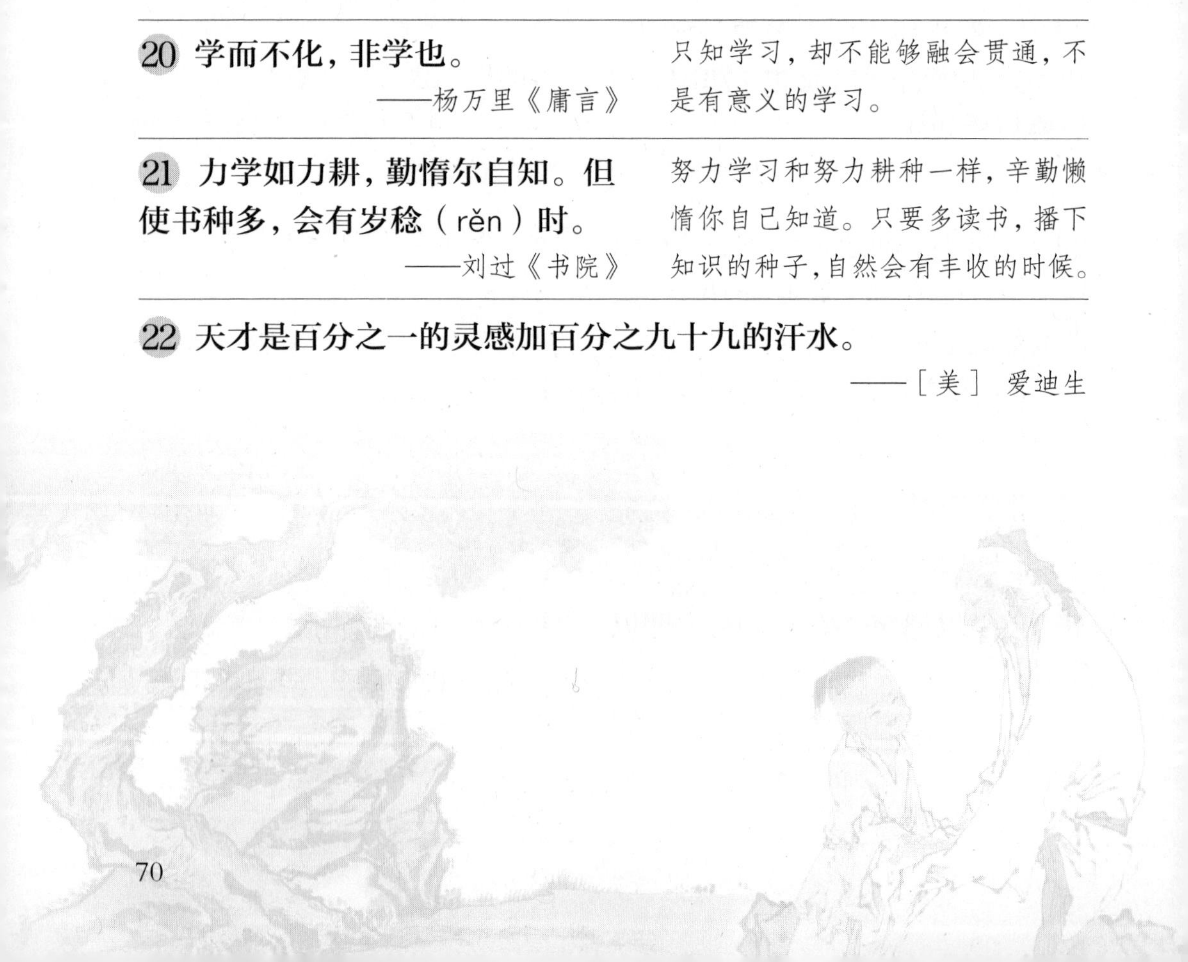

故事一

聪明人，下笨功夫

孔子，春秋时期著名的思想家、教育家，儒家学派创始人。他年少时就勤奋好学，后因知识渊博而闻名遐迩（xiá ěr）。他弟子三千，其中有贤者七十二人。他曾带领弟子周游列国十四年，他的思想及学说对后世产生了极其深远的影响。

孔子晚年特别喜欢研读《易经》，达到了手不释卷的程度。《易经》是群经之首、大道之源，其内涵深邃（suì）难懂，想参透它的真谛（dì），不是件容易的事情。可他一遍遍翻阅，反复思量，乐此不疲。

春秋时期的书以竹子为材料制成，先把竹子破成竹板，再削成一根根竹签，称为竹简。一片竹简只限写一行字，写完一部书要用很多竹简。竹简必须用牢固的绳子编连起来，才能成为一部前后相接的书籍。通常，用丝线编连的叫“丝编”，用麻绳编连的叫“绳编”，用熟牛皮绳编连的叫“韦编”。其中，熟牛皮绳最为牢固。上万字的《易经》需要堆积如山的竹简编连，分量相当沉重。

孔子花了很长时间才把《易经》通读了一遍，可只是了解了《易经》的要义。于是，他接着读第二遍、第三遍……以至于将编连竹简的熟牛皮绳磨断了多次。经过反复研读，孔子终于有所得，写出心得十篇，名为《十翼（yì）》。后人将其附在《易经》后面，作为《易经》的续篇。

孔子读《易经》达到了这样的境界，可他却说：“如果让我多活几年，到五十岁的时候去学习《易经》，便可没有大过错了。”

同样，现代文学大师钱锺（zhōng）书也嗜（shì）书如命。

钱锺书从小聪慧过人，记忆力超群，据说有过目不忘的本领。可就是这样聪明睿（ruì）智的人，考大学时数学只考了15分。按说这种情况是不可能被录取的，可当时清华大学校长罗家伦因为爱才，破格录取了他。

钱锺书果然不负罗校长的期盼。他的才能有目共睹，但更令人敬服的是他超乎常人的勤奋。

“越是聪明人，越要懂得下笨功夫。”这是钱锺书先生的名言。他入学之初便下决心“横扫清华图书馆”，平常只要没事，他就在图书馆看书。他泡图书馆之勤、之久，几乎无人可及。很快，他的深厚学养、超人禀赋便展露无遗，他成了清华园中鼎鼎有名的大才子。此后，他更是成为精通多种语言、能背诵无数诗词文献、可将经史子集信手拈（niān）来的“博学鸿儒”。有人曾对钱锺书的《管锥（zhuī）编》发出惊叹：其内容之渊博、思路之开阔、联想之活泼、想象之奇特，实属人类罕见。一个人的大脑怎么可能记得古今中外如此浩瀚（hàn）的内容？一个人的大脑怎么可能将广袤（mào）复杂的中西文化如此挥洒自如地连接和打通？

时光流转不息，孔子与钱锺书相隔两千多年，可勤学苦读的精神跨越时空得以接续，此后它会由肯下笨功夫的人传承下去。

感悟心语

鲁迅先生曾说：“哪里有天才，我是把别人喝咖啡的工夫都用在工作上了。”是啊，不要只看到别人的成功，看不到他们背后付出的努力。人的精力有限，只有将有限的能量聚焦在一个点上，才能“燃烧”起来，照亮别人。

故事二

你所不知道的哈佛大学

我们所知道的哈佛大学，是美国历史最为悠久的高等学府，它当之无愧地成为美国高等教育、学术科研的领头羊，拥有数不清的“第一”，那里云集了各个专业领域最出类拔萃（cuì）的专家学者，被公认为当今世界最顶尖的高等教育机构之一。

在这些众所周知的事实背后，哈佛大学还有它少为人知的一面。

哈佛大学没有高楼大厦（shà），只有新英格兰的红砖墙。这所大学最引人瞩目的是它的图书馆，其数量之多、藏书之丰令人惊叹，更别提那一个个像图书馆一样的学者了。

身为哈佛学子，这不是一种炫（xuàn）耀，而是一种象征——最高智慧的象征。在哈佛求学，总能证明人的潜力究竟有多大。

哈佛大学的老师经常这样告诫学生：“如果你想在进入社会后，在任何时候、任何场合都能得心应手并且得到应有的评价，那么你在哈佛学习期间，就没有晒太阳的时间。”

哈佛学子学得太苦太累了，以至于在哈佛校园里到处可见到睡觉的人，甚至在食堂的长椅上也有人在呼呼大睡，他们早就习以为常了。如此大的学习强度，丝毫没有影响他们的学习热情，他们就那样乐此不疲地学啊学啊。是什么让哈佛学子以苦为乐呢？是对所学领域的强烈兴趣和自身强烈的使命感。从这些学生身上，你总能感受到他们的生命能量被激发了出来。

在哈佛，学生的学习是不分白天黑夜的，那里就像一个不夜城，不管多晚都能看到他们忘我学习的身影。他们的阅读量之大，令国内的大学生难以想象。如果不读，便无法跟上老师的进度，融入课堂教学。而哈佛大学的博士生，可能每三天要啃下一本大书，每本几百页，还要上交阅读报告。从哈佛大学经过一座桥便是波士顿，前人类学系主任张光直在哈佛读博那几年，竟没有上过桥去波士顿看一看。

哈佛大学的学生餐厅很难听到聊天说话的声音，每个学生端着饭菜就坐后，便开始一边吃饭一边看书做笔记。在那儿，餐厅不过是一个可以吃东西的图书馆。

哈佛大学的医院同样静悄悄，虽然来医院就诊的人数众多，但是井然有序。走廊（láng）里很多人都在看书或做笔记。从某种意义上说，医院也只是图书馆的延伸。

哈佛大学的校园内，到处可听见读书声、讨论声和匆（cōng）匆的脚步声，他们在人生道路上不断前行，不敢有丝毫懈（xiè）怠。他们知道一旦放松，别人就会跑到你的前面，需要你来追赶他了。在那里，我们能真真切切地感受到，所谓的精英和天才，不过是比别人付出了更多努力的人。

哈佛大学，这个人人神往的高等学府，其实并不是神话，它只是一个证明，是人的意志、精神、理想的证明。在这里挥洒过的汗水，奋斗过的青春，是哈佛学子们一生最宝贵的财富。

感悟心语

此刻睡觉，你将做梦；此刻学习，你将圆梦。

学习的痛苦是一时的，而没有学习的痛苦是一辈子的。

学习这件事，不是缺乏时间，而是缺乏努力。

学习不是人生的全部，但连学习都征服不了，你还能做什么？

——摘自哈佛校训

学以致用

1. 古人说“______________________”，可见学习何等重要。活到老，学到老，这是每个人都应该坚持的，因为学习可以突破狭隘，让我们看得更多，走得更远。
2. 古人说：“______________________。”每个人身上都有闪光点，有的同学学习好，有的同学见识广，有的同学动手能力强……然而，没有人能十全十美，大家总有些不如他人的地方。所以，无论与何人交往，都要有意识地取长补短。
3. 有的同学只知死记硬背，不知用心理解；有的同学只知天马行空地瞎想，不去实实在在地做一道题。这两类学生考起试来都错漏百出，所以老师常常告诫我们，学习与思考缺一不可，正所谓“____________________”。

4. 怎样做才称得上好学呢？古人早已给出了答案，“____________________”。看来，好学的孩子懂得温故知新的道理，他们每天探索新知识，按时巩固老知识，所以进步那么快啊！

5. 不管学习多苦多累，都要坚持下去，不要厌恶或放弃；不管同学多频繁地向你请教，也不要因为嫌麻烦而不耐烦。这就是古人说的“____________________”。

6. “____________________。”通过这个比喻，我们知道学习是一个不断积累的过程。就算天赋再好，也不可能一蹴（cù）而就，掌握真理；就算天资鲁钝，只要锲而不舍地坚持学习，也能渐渐通达。

7. 有的同学有点进步就沾沾自喜，放松对自己的要求，这时老师会提醒他们“____________________”，学无止境，不进则退哦！

8. 懈怠和骄傲足以毁掉 一个天才，要知道“____________________”。只有不断磨砺，玉石才能散发出耀眼的光芒；只有艰苦学习，人才能知情达理。

9. 学习需要活泼的想象力，将零散的知识点串联起来，然后举一反三、闻一知十。只知零碎地强记知识点，这是毫无意义的，正所谓“____________________”。

08 习惯养成

习惯养成导引

柏拉图曾经训斥一个玩骰（tóu）子的孩子，孩子委屈地说："您为这点小事责备我。"柏拉图反驳道："习惯可不是小事。"无论什么样的习惯，都具有强大的力量，足以改变一个人的人生。好的习惯能够成就一个人，坏的习惯则会毁掉一个人。

历史上获得成功的人，都有一些长期坚持的好习惯。鲁迅先生从小就养成不迟到的习惯，他时刻提醒自己抓紧时间，凡事趁早做。这位以"小跑走成一生"的作家，在中国乃至世界文学史上留下了辉煌的一笔。

叶圣陶先生曾经说过："教育是什么？往简单方面说，只需一句话，就是要养成良好的习惯。"好习惯的养成越早越好，因为良好的习惯是一个人终身受益的财富，是走向成功的基础。

名言

1 习与性成。

——《尚书·太甲上》

长期习惯于怎样，就会养成怎样的习性。

2 少成若天性，习惯如自然。

——《汉书·贾谊传》

年少时养成的习惯就像人的天性一样自然、坚固，很难改变。

3 孩子成功教育从好习惯培养开始。

——巴金

4 好习惯是一个人在社交场中所能穿着的最佳服饰。

——［古希腊］ 苏格拉底

5 习惯真是一种顽强而巨大的力量，它可以主宰人生。因此，人自幼就应该通过完美的教育，去建立一种良好的习惯。

——［英］ 弗朗西斯·培根

6 儿童不是用规则教育就可以教育好的，规则总是被他们忘掉。你觉得他们有什么必须做的事，你便应该利用一切时机，给他们一种不可缺少的练习，使它们在他们身上固定起来。这就使他们养成一种习惯，这种习惯一旦养成以后，便不用借助记忆，很容易地、很自然地发生作用了。

——［英］ 洛克

7 习惯是一个人思想与行为的领导者。

——［美］ 爱默生

8 良好的习惯是一辆舒适的四驾马车，坐上它，你就跑得更快。

——［德］ 马克思

9 习惯是一条巨缆（lǎn），我们每天编结其中一根线，到最后我们无法弄断它。

——［英］ 梅因

10 良好的习惯乃是人在其神经系统中存放的道德资本，这个资本不断地增值，而人在其整个一生中就享受着它的利息。如果良好的习惯是一种道德资本，那么，在同样的程度上，坏习惯就是道德上无法偿清的债务了。

——［俄］ 乌申斯基

11 家庭是习惯的学校，父母是习惯的教师。

——［日］ 福泽谕（yù）吉

12 起先是我们造成习惯，后来是习惯造成我们。

——［英］ 王尔德

13 养成阅读的习惯等于为自己筑起一个避难所，几乎可以避免生命中所有的灾难。

——［英］ 毛姆

14 人格乃是我们所有的各种习惯系统的最后产物。

——［美］ 华生

15 只要能够掌握思想，养成正确的习惯，就可以掌握自己的命运，而且每个人都可以做到。

——［美］ 拿破仑·希尔

16 美德大多存在于良好的习惯中。

——［美］ 佩利

故事一

苏洵（xún）教子

唐宋八大家，又称唐宋古文八大家，是唐代韩愈、柳宗元和宋代欧阳修、苏洵、苏轼、苏辙、王安石、曾巩八位散文家的合称。在唐宋八大家里，苏家独占三席，可以称得上文坛奇观。陶渊明、李白、杜甫才华出众，可是他们的后代都很平庸，中国古代文坛如果以家庭为单位进行比赛，苏家一定名列前茅。

在苏家，苏轼无疑是代表人物，他生性放达，为人率真，平素好交友，好美食，好品茗（míng），亦好游山林。他学贯儒、释、道，是宋代文学成就最高的代表，在诗、词、散文、书、画等方面有很高的造诣。

相比而言，苏洵、苏辙虽位列唐宋八大家中，却不太出众。然而，论对苏氏一族崛起的贡献，苏洵自然首屈一指。苏洵是苏轼、苏辙的父亲，即《三字经》里提到的“二十七，始发愤”的“苏老泉”。因悔于自己“少壮不努力”，所以他对两个儿子的培养可谓下足了功夫。

话说苏轼、苏辙兄弟俩，小时候非常调皮贪玩，对任何事情都充满了好奇心，可是他们坐不住冷板凳，做事情没有耐心，更不喜欢读书。苏洵看在眼里，急在心里。他为了培养两个儿子，用了许多办法都不见效。但苏老爹相信自己的孩子有非凡的潜能，此时正是孩子们最有创造力的时候，若能好好引导他们养成爱读书的好习惯，日后一定能学有所成。

苦思冥（míng）想之后，苏老爹终于想出一条妙计。当两个儿子玩耍时，他就躲在一个他们看得见的角落看书，并装作鬼鬼祟（suì）祟的样子。两兄弟十分好奇，不知道父亲偷偷摸摸地躲起来干什么，于是跑过去一探究竟。可等到兄弟俩走近了，苏洵就故意慌慌张张地把书藏起来，这下可更加刺激兄弟俩的好奇心了。于是，他们趁父亲不在家的时候，把书偷出来，认真地读起来。久而久之，兄弟俩渐渐迷上了读书，切切实实感受到了读书的无穷乐趣。

正是有了父亲的悉心教诲，兄弟俩 20 岁左右就在文坛初露锋芒。当时苏洵带着两个儿子赴京参加科举考试，当时的主考官是文坛领袖欧阳修，小试官是诗坛宿将梅尧（yáo）臣。苏轼和苏辙小试牛刀，便同榜应试及第，轰动京师。此后，兄弟二人发挥所长，在文坛大放异彩。

兄弟二人取得如此成就，除了天资聪颖（yǐng）、踏实苦学以外，要归功于父亲苏洵别出心裁的教育方式。他针对孩子们好奇贪玩的天性，巧用妙招，因势利导，不强迫、不说教，循序渐进地培养他们热爱读书的好习惯，稳稳当当地把他们引进文学的殿堂，从而造就了“一门父子三词客，千古文章八大家”的文坛奇迹。

感悟心语

美国作家查尔斯·都希格在《习惯的力量》一书中提到：“幸好，习惯强而有力，却也脆弱易摧；习惯会不知不觉出现，却也能刻意培养；习惯常未经同意便自动自发，却也能被拆卸重新组装。”从现在做起，每个人都能改变根深蒂（dì）固的坏习惯，重塑有益身心的好习惯，利用习惯的力量，让人生脱胎换骨。

故事二

习惯的力量

有一位教授曾做过这样一个实验：他将一只跳蚤（zǎo）放进一个容器里，容器的高度刚好是跳蚤能够达到的跳跃高度。为了防止跳蚤从容器里跳出来，教授特地在容器口盖上一块玻璃。第一天，跳蚤表现得十分活跃，它一次又一次地撞击着玻璃，大有不达目的不罢休之势。可是，它的力量实在太单薄了，无论怎么努力，始终无法冲破玻璃的阻隔。尽管如此，跳蚤还是没有放弃，每隔一段时间，它就会发起一阵猛烈的攻击。

过了几天，教授再去观察，他发现跳蚤跳跃的频率明显降低了，它没了先前的冲劲和锐气，变得有些懒惰和绝望了。又过了几天，教授再去观察，他发现跳蚤几乎丧失了斗志，只是在容器底部跳来跳去……就这样，过了几个月，教授惊奇地发现跳蚤已不再做任何努力，它终日得过且过地待在容器底部。随后，教授将容器上方的玻璃抽掉，他以为跳蚤会一下子蹦出来。但出乎意料的是，跳蚤丝毫没有这样的举动，它已经完全习惯了现在的生活。

紧接着，教授又将另一只跳蚤放进一个容器里，容器的高度略微超过跳蚤跳跃的极限，这次他没有再盖玻璃。经过一段时间的观察，教授发现，跳蚤每天都会习惯性地往上跳，虽然每次它都无法超越容器的高度，但它仍然乐此不疲，把这当作每天的必修课。半年后的一天，奇迹发生了，跳蚤逃离了容器，重新获得了自由。见此，教授不禁发出一声感叹：“习惯的力量是多么可怕呀！”

心理学巨匠威廉·詹姆斯有一段对习惯的经典注释：“种下一个行动，收获一种行为；种下一种行为，收获一种习惯；种下一种习惯，收获一种性格；种下一种性格，收获一种命运。”这两只跳蚤截然不同的命运，不正是最好的写照吗？

感悟心语

俗话说：“习惯之始如蛛丝，习惯之后如绳索。”习惯的一贯性，决定了它必将在不知不觉中，经年累月地影响着我们的行为，操纵着我们的判断，左右着我们的成败。

学以致用

1. “____________________”，所以同学们一定要养成好习惯，书写整洁的习惯会造就你洁身自好的性格，仔细检查作业的习惯会造就你认真严谨的性格。
2. “____________________”，所以年级越低，老师越不注重知识的灌输，而重视习惯的培养。从小养成的习惯，足以影响人的一生。
3. 我们的父母总是望子成龙、望女成凤，要想实现这样的愿望，应该从培养孩子的好习惯开始，因为“____________________”，这是成功教育孩子的最佳途径。

4. 随手捡起路边的纸屑，公交车上主动让座，主动搀扶老爷爷过马路……在人们交往的过程中，不需要用光鲜衣衫包装自己，因为“__________________________”。

5. “______________________”，判断身边的同学是否具有高尚的品德，我们可以去听去看他日常生活中的言行。老师教导我们养成好习惯，正是在培养我们的美德啊！

6. 习惯的养成不是一朝一夕的事，我们每天的所作所为都在促进习惯的形成，可习惯一旦养成，我们便无法挣脱，它会影响我们的判断，左右我们的人生，正所谓“______________________”。

7. 俗话说：“命运天注定，半点不由人。”真的是这样吗？其实不然，人们的命运是可以掌握在自己手中的，只要我们从小养成好习惯，便能够做到，正所谓“______________________”。

8. 读《鲁滨孙漂流记》《汤姆·索亚历险记》，我们懂得如何野外求生；读《别饿坏了那匹马》，我们懂得如何救赎心灵……书中常有我们需要的知识与技能，我们要养成阅读的习惯，因为“__________________________”。

9. 家庭是孩子成长的第一环境，是孩子习惯形成的摇篮，父母应该注重在生活中培养孩子的各种良好习惯，因为“__________________________”。

09

充满自信

充满自信导引

自信与自卑是一对孪（luán）生子，这两者都以自我为中心。自信的人善于发掘自己的长处，自卑的人只看得到自己的短处。

在漫长的人生旅途中，我们哭过、笑过、成功过、失败过。当种种情形摆在我们眼前时，我们该如何抉择呢？人生不会一帆风顺，面对成功，人们总是欣喜万分；面对失败，人们总是黯（àn）然神伤。其实，我们没有必要因为失败心灰意冷，不如坦然面对挫折，深信付出总会有回报。

前路茫茫，挫折在所难免，自信却是我们不可遗弃的。自信是成功的基石，也是一种健康积极的生活态度。它有一种潜在的可贵的强大力量，有了它，就可以干出一番惊天动地的伟大事业来！

名 言

1 **人皆可以为尧舜。**

——《孟子·告子下》

人人都可以做尧舜那样的圣人。

2 **恢弘（huī hóng）志士之气，不宜妄自菲（fěi）薄。**

——诸葛亮《前出师表》

振奋志士们的士气，不应该随随便便地看轻自己。

3 **长风破浪会有时，直挂云帆济沧海。**

——李白《行路难》

乘风破浪、大展宏图会有时机，到那时高挂起云帆横渡沧海。

4 **天生我材必有用，千金散尽还复来。**

——李白《将进酒》

每个人出生一定有自己的价值和意义，黄金千两即使一挥而尽也能重新得到。

5 **雄关漫道真如铁，而今迈步从头越。**

——毛泽东《忆秦娥·娄（lóu）山关》

雄伟关隘、漫漫长道真如钢铁般难以逾（yú）越，如今我们要重整旗鼓，大步跨越。

6 **自信人生二百年，会当水击**（指游泳）**三千里。**

——毛泽东

7 **能够使我漂浮于人生的泥沼中而不致陷污的，是我的信心。**

——［意］但丁

8 **深窥（kuī）自己的心，而后发觉一切奇迹在你自己。**

——［英］弗朗西斯·培根

9 信心是灵魂的防腐剂。

——［美］ 惠特曼

10 要有自信，然后全力以赴——假如具有这种观念，任何事情十之八九都能成功。

——［美］ 威尔逊

11 有信心的人，可以化渺小为伟大，化平庸为神奇。

——［英］ 萧伯纳

12 先相信自己，然后别人才会相信你。

——［法］ 罗曼·罗兰

13 自信是向成功迈出的第一步。

——［瑞士/美国］ 爱因斯坦

14 信心是命运的主宰。

——［美］ 海伦·凯勒

15 我力量的真正源泉，是一种暗中的、永不变更的对未来的信心。甚至不只是信心，而是一种确信。

——［法］ 杜伽尔

16 自信是一个人穿上的最好的盔（kuī）甲。

——［美］ 杰罗姆

17 在真实的生命里，每桩伟业都由信心开始，并由信心跨出第一步。

——［德］ 奥格斯特·冯·史勒格

故事一

命运的反转

郭蓓菁（bèi jīng），一个小巧玲珑、朝气蓬勃的女孩，在美国微软工作的华人没有不知道她的。初次与她见面，你可能会惊讶：为什么她会成为微软最资深的华人经理之一？如果你和她交谈几分钟，就会被她浑身上下散发的正能量所感染，她讲的每一句话都流露出自信和积极乐观的领导力，她思维严谨，做事缜（zhěn）密，有着非常前沿的战略思想。

她曾讲过刚来美国时的一个小故事：18 岁那年，她从中国移民到美国。到美国六个月后，为了上大学，她就参加了 SAT 考试（学习能力评估测试，相当于中国的高考）。因为在国内专门培训过英语口语，所以那时她的英语口语已经不错，但是文法、词汇、作文还不过关。这次考试，虽然她的数学考了 780 分（满分 800 分），但是英语成绩只有 280 分。要知道英语考试交白卷也有 200 分，就可以想象 280 分是多么糟糕的分数！但是郭蓓菁依然满怀希望，十分自信地申请了加州大学电机工程系。

由于英语分数太低，她没有被录取。但是，郭蓓菁骨子里有一种不服输的精神，她深信如果被录取，自己一定会成为一个出色的工程师。于是，她决定给校长写信。在信中，她毛遂（suì）自荐，自豪地描述自己在理工方面的成就，并坦诚地解释英语考试失利的原因。她那样诚恳而自信，丝毫不回避自己的劣势，并一再强调自己的学习能力和刻苦精神。最后，她对校长说："如果您录取我，我保证会成为贵校的骄傲。”

几天后，校长约见了郭蓓菁。交谈中，校长明显感觉到郭蓓菁的英语进步很快。她自信地向校长保证，英语会学得和美国同学一样好。一星期后，加州大学收回成命，决定录取郭蓓菁。就这样，郭蓓菁如愿以偿地完成了一次命运的反转。

当然，如郭蓓菁当初向校长承诺的那样，她真的成为学校的骄傲，也成为IT行业华人的骄傲。

感悟心语

“除了人格以外，人生最大的损失，莫过于失掉自信心了。”我们内心要有一种强烈的信念——“我一定能行”，使自信成为一种“良性情感”，成为我们最美妙的生活态度。

故事二

第一位黑人州长

罗杰·罗尔斯是美国纽约市第五十三任州长，也是美国第一位黑人州长。

罗尔斯出生在纽约声名狼藉（jí）的大沙头贫民区，那里环境糟糕，打架斗殴（ōu）屡见不鲜，是偷渡者和流浪汉的聚集地。在那里生活的孩子耳濡目染，从小就劣迹斑斑，很少有人能体面地生活。可是，罗尔斯出淤（yū）泥而不染，成为从贫民区里走出来的州长。

20世纪60年代初，皮尔·保罗被聘（pìn）为大沙头贫民区诺必塔小学的董事兼校长。当时正是美国嬉皮士流行的时代，他走进大沙头诺必塔小学的时候，发现这里的穷孩子比“迷惘（wǎng）的一代”还要无所事事。他们不与老师合作，旷课、斗殴，甚至砸烂教室的黑板。校长想方设法改善现状，却无一奏效。后来，他发现这里的孩子都很迷信，便借口给他们看手相来引导他们。

有一天，当校长来到教室时，罗尔斯从窗台上跳下，他伸着小手走向讲台。令他惊讶的是，校长并没有责备他，反而说：“我一看你修长的小拇指就知道，你有潜力成为纽约州州长。当然，现在的你与州长之间的差距非常大，能否迎头赶上，就看你的努力了……”

罗尔斯大吃一惊，因为长这么大，只有奶奶让他振奋过一次，说他可以成为五吨重的小船的船长。这一次，校长竟说他可以当州长，真让他始料未及。他默默地记下了这句话，并打心眼里相信它。

从那天起，“纽约州州长”就像一面旗帜引领他成长。罗尔斯的衣服不再沾满泥土，说话时也彬（bīn）彬有礼。他开始挺直腰杆走路，一刻也未放松过对自己的要求。终于，51岁那年，他如愿以偿地成为州长。

在就职演说中，罗尔斯说：“信念值多少钱？信念是不值钱的，它有时甚至是一个善意的欺骗，然而你一旦坚持下去，它就会迅速增值。”

信念是一切奇迹的萌（méng）发点。只要秉持必胜的信心，便可以乘风破浪，一往无前！

感悟心语

因为自信，司马迁完成皇皇巨著《史记》；因为自信，贝多芬创造了不朽的音乐。可见，真正的强者都是自信的人，他们逢山开道、遇水架桥，生活给压力，他们还奇迹。

学以致用

1. 成为圣人是遥不可及的事？其实不然，只要我们加强道德修养，积善成德，“____________________”。同样，只要我们培养浩然正气，身体力行，人皆可以成英雄。
2. 有的同学考试成绩不理想，就悲观泄气、轻视自己，这是不可取的。这时，我们更应该振奋精神，越挫越勇，因为古训曾言“____________________”。
3. 茫茫人海中，每个生命都是与众不同的，都有其特殊的存在价值，所以无论处于何种境地，都要正视自己的价值，不可轻言放弃，正所谓“____________________”。
4. “____________________”，不论遇到怎样的惊涛骇（hài）浪，只要勇敢前行，一定能劈波斩浪。学习不也如此吗？即使成绩稍稍落后，只要努力学习，一定能取得长足进步。
5. 是否有自信不仅仅影响我们的学习状态，还会影响我们的前途命运，因为“＿＿＿＿＿＿＿＿＿＿”。同学们要把这句名言铭记于心，并付诸实践，这样命运便牢牢掌握在自己手中。

6. 要成为一个成功的人，首先得成为一个自信的人，因为“＿＿＿＿＿＿＿＿＿＿”。只要把握好成功的开端，充满自信，便能闯出一番事业。

7. 在生活中，自信是非常重要的。只有你充满自信，他人才会投来欣赏的目光、肯定的眼神，这是因为“＿＿＿＿＿＿＿＿＿＿”。自信的商人才能赢得客户的信任，自信的老师才能赢得家长的信任。

8. 无论你是否平凡无奇、卑微渺小，只要有信心，便能创造奇迹，因为信心就像一根魔（mó）法棒，“＿＿＿＿＿＿＿＿＿＿”。

9. 不自信的人遇到挫折很可能遍体鳞（lín）伤，而自信的人遇到挫折却能完好无损，因为“＿＿＿＿＿＿＿＿＿＿”。

10 积极乐观

积极乐观导引

美国成功学家拿破仑·希尔在《人人都能成功》中写道:“人与人之间本只有很小的差异,但这种很小的差异却往往造成了巨大的差异!很小的差异就是所采取的心态是积极的还是消极的,巨大的差异就是幸福或者不幸。想获得幸福的人应采取积极的心态,这样,幸福就会被吸引到他们的身边。那些态度消极的人不会吸引幸福,只能排斥幸福。”可见,选择什么样的心态,就会秉持什么样的处世态度,采取什么样的行为,产生什么样的结果。所以,不论何时何地,面对何事何物,都应积极乐观。唯有如此,才能把好生活的舵(duò),扬好学习的帆!

名言

1 **否（pǐ）极泰来。**

——《周易》

逆境达到极点，就会向顺境转化。

---

2 **祸兮，福之所倚；福兮，祸之所伏。**

——《道德经》

灾祸啊，幸福倚傍在它里面；幸福啊，灾祸藏伏在它之中。

---

3 **一箪食（dān sì），一瓢（piáo）饮，在陋巷，人不堪其忧，回也不改其乐。**

——《论语·雍也篇》

一竹筐饭，一瓜瓢水，住在小巷子里，别人都受不了那穷苦的忧愁，颜回却不改变他自有的快乐。

---

4 **其为人也，发愤忘食，乐以忘忧，不知老之将至云尔。**

——《论语·述而篇》

他这个人啊，发愤用功，连吃饭都忘了，快乐得把一切忧愁都忘了，不知道衰老即将到来，如此而已。

---

5 **子畏于匡，曰："文王既没，文不在兹乎？天之将丧斯文也，后死者不得与于斯文也；天之未丧斯文也，匡人其如予何？"**

——《论语·子罕篇》

孔子被匡地的群众拘禁，便说道："周文王死了以后，一切文化遗产不都在我这里吗？上天如果要消灭这种文化，那我就不会掌握这种文化了；上天如果不要消灭这种文化，那匡人又能把我怎么样呢？"

---

6 **塞翁失马，焉知非福。**

——《淮南子·人间训》

边塞附近的一个老人丢失了一匹马，怎么知道它不是件好事呢？

---

7 **不戚戚于贫贱，不汲（jí）汲于富贵。**

——陶渊明《五柳先生传》

不为贫贱而忧愁，不热衷追求富贵。

8 **失之东隅（yú），收之桑榆（yú）。**

——《后汉书·冯岑（cén）贾列传》

丢失了早晨，得到了傍晚。（东隅：指日出处，借指早晨。桑榆：两种树名，指日落时余晖映照之处，借指傍晚）比喻初虽有失，但终得成功。

---

9 **沉舟侧畔（pàn）千帆过，病树前头万木春。**

——刘禹锡《酬乐天扬州初逢席上见赠》

翻覆的船只旁仍有千千万万艘帆船争先出发，枯萎的树木前方还有万千林木欣欣向荣。

---

10 **山重水复疑无路，柳暗花明又一村。**

——陆游《游山西村》

山峦（luán）重叠，水流曲折，正担心无路可走，忽见柳色浓绿，花色明丽，又一个村庄出现在眼前。

---

11 **一切和谐与平衡，健康与健美，成功与幸福，都是由乐观与希望的向上心理产生与造成的。**

——［美］ 华盛顿

12 **冬天来了，春天还会远吗？**

——［英］ 雪莱

13 **乐观是一首激昂优美的进行曲，时刻鼓舞着你向事业的大路勇猛前进。**

——［法］ 大仲马

14 **每一种挫折或不利的突变，都带着同样或较大的有利的种子。**

——［美］ 爱默生

15 **生活，就应当努力使之美好起来。**

——［俄］ 托尔斯泰

16 **忧愁、顾虑和悲观，可以使人得病；积极、愉快、坚强的意志和乐观的情绪，可以战胜疾病，更可以使人强壮和长寿。**

——［苏联］ 巴甫洛夫

故事一

我只看我所拥有的，不看我所没有的

“我只看我所拥有的，不看我所没有的。”这句话出自一个从小患有脑性麻痹（bì）症的女子之手，她叫黄美廉。

1964年，黄美廉出生于台湾台南，出生时由于脑部神经受到严重伤害，以致颜面、四肢肌肉失去正常作用。自此，她肢体失去平衡，手脚还会时不时地乱动；发声讲话的能力被剥(bō)夺，嘴向一边扭曲，口水流淌不止。她失去了正常的生活自理能力，更谈不上求学、工作、前途与幸福，连医生都判定她活不过六岁。

可是，她从没放弃过。十四岁时，黄美廉随全家移民到美国，她凭借顽强的意志就读于洛杉矶（jī）市立大学，之后考上洛杉矶加州州立大学艺术学院，并取得艺术学博士学位。她靠抒写自己的情感成为作家，靠手中的画笔成为画家，并多次在台湾举办画展。

一次，黄美廉到某地做演讲，一位年轻的学生贸（mào）然提问：“黄博士，你从小就长成这个样子，请问你怎么看待你自己？你没有怨恨过吗？”

此话一出，全场鸦雀无声，大家暗自捏一把冷汗，生怕这个尖刻的问题深深刺伤她的心。出乎意料的是，黄美廉没有半点恼怒，她微微一笑，转过身来，用粉笔在黑板上郑重地写道：我怎么看自己？然后她停下来，回头看了看大家，嫣（yān）然一笑，转身有条不紊（wěn）地写着：我好可爱！我的腿长得很美！我的爸爸妈妈很爱我！上帝会公平地对待每一个人！我会画画，我会写稿子！我还有一只可

爱的猫！……

黄美廉一下子写出了几十条让她热爱生活的理由，并且她爱得那样理直气壮。整个会场非常安静，大家聚精会神地看着眼前的一切，感动得热泪盈眶，再也没有人多说话了。

黄美廉转过身来看了大家一眼，再次转过身去，在黑板上重重地写下了一句话：我只看我所拥有的，不看我所没有的……

顿时，整个会场响起了雷鸣般的掌声，经久不息。

黄美廉曾说："如果你认为这个世界不公平，并因此放弃了自己的机遇和选择，那么，真正应该对你的失败负责的，恰恰是你自己的放弃，而不是这个世界的不公平。相反，在不公平面前，如果你能振作自己的精神，拥有乐观、豁达的心胸和良好的态度，并下定决心克服障碍、继续前行，说不定你还会取得别人意想不到的成功和收获呢。"是啊，无须抱怨命运的不济，不要只看自己没有的，而要多看自己所拥有的，我们就会感到：其实我们很富有。

感悟心语

泰戈尔曾说："世界以痛吻我，要我回报以歌。"只有经历过地狱般的磨砺，才能练就创造天堂的力量；只有流过血的手指，才能弹出世间的绝响。

故事二

天生乐观的苏格拉底

古希腊哲学家苏格拉底还是单身的时候，和几个朋友一起住在一间只有七八平方米的小屋里。尽管生活非常不便，但他一天到晚总是乐呵呵的。有人问他："那么多人挤在一起，连转个身都困难，有什么可高兴的？"苏格拉底说："朋友们住在一起，随时都可以交流思想、交流感情，这难道不是很值得高兴的事情吗？"

过了一段时间，朋友们相继成家，先后搬了出去。屋子里只剩下苏格拉底一个人，但是他每天仍然很快乐。那人又问："现在你一个人孤孤单单的，有什么可高兴的？"苏格拉底微笑着回答："我有很多书啊！一本书就是一位老师，和这么多老师在一起，时时刻刻都可以向他们请教，怎能不令人高兴呢？"

几年后，苏格拉底也成了家，搬进一栋高楼里。这栋楼有好几层，他住在一楼。要知道，一楼环境最差，楼上的人老是往下面泼污水、扔杂物，既吵闹又不卫生。可他依然一副自得其乐的样子，那人好奇地问："你住这样的房子，也感到高兴吗？""是啊！你不知道住一楼有多少妙处啊！比如，进门就是家，不用爬很高的楼梯；搬东西方便，不必花很大的力气；朋友来访便利，不需逐层叩（kòu）门询问。特别让我满意的是，我还可以在空地上养花种菜，乐趣无穷啊！"苏格拉底情不自禁地说。

又过了一年，苏格拉底把一楼的房子让给了一个朋友，因为这个朋友家中有一个偏瘫（tān）的老人，上下楼很不方便。而他搬到了楼房的最顶层，可是他每天仍然快快乐乐。那人故意问他：“住顶楼是不是也有许多好处啊？”苏格拉底坦然地说：“是啊，好处可真不少呢！每天上下楼就是很好的锻炼机会，有利于身体健康；这里光线好，看书写作不伤眼睛；没有人在楼上干扰，白天黑夜都非常安静。”

后来，那人遇到苏格拉底的学生柏拉图，问道：“你的老师总是那么快乐，可我觉得他居住的环境并不好啊！”柏拉图笑道：“决定一个人心情的，不在于环境，而在于心境。”

感悟心语

美国成功学之父奥里森·马登曾言：“每个人身上都是带有能量的，健康、积极、乐观的人带有正能量，和这样的人交往能将正能量传递给你，令你感染到那种快乐向上的感觉，让你觉得‘活着是一件很值得、很舒服、很有趣的事情’。悲观、体弱、绝望的人刚好相反。”

学以致用

1. 荣辱自古周而复始。当你处于顺境时，不要骄傲自满，否则祸患很快来临，当你处于逆境时，也不要灰心失意，因为古人曾言

"＿＿＿＿＿＿＿＿＿＿＿＿"，就像乒乓球落到最低点一定会弹起来。

2. 因为身体缺陷，他没法像正常的小朋友那样自由蹦跳，这是他的不幸；正是因为他的身体缺陷，老师和同学都格外关爱他，这又是他的幸福；可他仗着大家对他的关爱，常常无理取闹，令大家渐渐对他疏远，这又成了他的不幸。可见，福祸只有一线之隔，正如古人所说"＿＿＿＿＿＿＿＿＿＿＿＿"，只看你如何把握。

3. 无论何时都不要绝望，即使你以为已经走到尽头，无法前进一步。要相信，随着事态发展，随时都可能出现转机，有句古诗说得好："＿＿＿＿＿＿＿＿＿＿＿＿。"

4. 他在 100 米比赛中没有拼尽全力，痛失冠军，但是保留了一些体力，总算因祸得福，在随后的 400 米比赛中轻松夺冠，这难道不是"＿＿＿＿＿＿＿＿＿＿＿＿""＿＿＿＿＿＿＿＿＿＿＿＿"吗？

5. "＿＿＿＿＿＿＿＿＿＿＿＿。"这句外国名言很好地解释了为什么穷人的孩子早当家。因为他们总是在挫折中学会坚强，学会勇敢。每一次挫折，都是一次新的起点：跌倒让他们学会爬起，贫困让他们学会珍惜……

6. 有的同学整天愁眉苦脸，这种消极情绪是不利于身体健康的，因为"忧愁、顾虑和悲观，可以使人得病"；有的同学整日笑口常开、开朗阳光，这对健康十分有益，因为"＿＿＿＿＿＿＿＿＿＿＿＿"，难怪人们常说"笑一笑，十年少"。

7. 处在黑暗、痛苦中的人，不要忘记寻找希望的光明，不要忘记黑暗之后就是黎明，那句外国名言说得好，"＿＿＿＿＿＿＿＿＿＿＿＿"

8. 我们所期盼的一切美好，其实不难获取，只要我们积极乐观、满怀希望，正所谓"＿＿＿＿＿＿＿＿＿＿＿＿"。

11 顽强坚韧

顽强坚韧导引

“不如意事常八九，可与人言无二三。”生活本就如此，苦乐参半，困苦、打击、疾病、伤痛等各种挫折之于生命犹如棘（jí）刺之于玫瑰。面对挫折应该坦然面对、顽强坚韧，如果唉声叹气、驻足不前，生命就会在哀怨中流走。失败并不可怕，可怕的是面对失败倒下的意志。即使艰难困苦、风霜雨雪将你紧紧束牢，也不要心灰意懒，只要怀揣（chuāi）信仰，便能义无反顾，勇敢前行。

孔子、司马迁、史铁生等人用顽强坚韧的生命品质描绘出风雨后最灿烂的命运之虹，用跨过泥泞后的鲜花与掌声谱写了最动人的生命乐章。

名　言

1 天行健，君子以自强不息。 ——《周易》	天道刚健，君子应效法天道，自立自强，不停地奋斗下去。
2 子曰："志士仁人，无求生以害仁，有杀身以成仁。" ——《论语·卫灵公篇》	孔子说："志士仁人，没有贪生怕死而损害仁德的，只有勇敢牺牲来成全仁德的。"
3 富贵不能淫（yín），贫贱不能移，威武不能屈，此之谓大丈夫。 ——《孟子·滕（Téng）文公下》	富贵不能使他骄狂，贫贱不能使他改变心志，威武不能使他屈服，这样才叫作大丈夫。
4 天将降大任于是人也，必先苦其心志，劳其筋骨，饿其体肤，空乏其身，行拂（fú）乱其所为，所以动心忍性，曾益其所不能。 ——《孟子·告子下》	上天将要把重大任务落到某人身上，一定要先使他的心意苦恼，使他的筋骨劳累，使他的身体忍饥挨饿，使他备受贫困之苦，使他的所作所为总是不能如意，这样便可以震动他的心意，坚韧他的性情，增长他的才干。
5 亦余心之所善兮，虽九死其犹未悔。 ——屈原《离骚（sāo）》	这是我心中向往的东西，纵然死掉无数次，我也不会后悔。
6 路漫漫其修远兮，吾将上下而求索。 ——屈原《离骚》	前面的道路啊又远又长，我将上天入地求索真理。

7 古者富贵而名摩（mó）灭，不可胜记，唯倜傥（tì tǎng）非常之人称焉。盖文王拘而演《周易》；仲尼厄（è）而作《春秋》；屈原放逐，乃赋《离骚》；左丘失明，厥（jué）有《国语》；孙子膑脚，《兵法》修列；不韦迁蜀，世传《吕览》；韩非囚秦，《说难》《孤愤》；《诗》三百篇，大底圣贤发愤之所为作也。

——司马迁《报任少卿书》

自古以来，富贵而名字埋没不传的人，多得无法记载，只有那些卓异而非同寻常的人才能流芳百世。西伯姬（Jī）昌被拘禁而扩写《周易》；孔子受困窘（jiǒng）而作《春秋》；屈原被放逐，才创作了《离骚》；左丘明失去视力，才有《国语》；孙膑被剜去膝盖骨，《兵法》才撰写出来；吕不韦被贬谪蜀地，《吕氏春秋》才流传于世；韩非被囚禁在秦国，才写出《说难》《孤愤》；《诗经》三百篇，大都是圣贤们抒发愤慨而作的。

---

8 千淘万漉（lù）虽辛苦，吹尽狂沙始到金。

——刘禹锡《浪淘沙九首·其八》

淘金要过滤（lǜ）千遍万遍，虽然辛苦，但只有淘尽泥沙，才会露出闪亮的黄金。

---

9 以不息为体，以日新为道。

——刘禹锡《问大钧（jūn）赋》

以坚持追求为根本，以每天创新为途径。

---

10 残雪压枝犹有橘（jú），冻雷惊笋欲抽芽。

——欧阳修《戏答元珍》

未融尽的积雪压弯了树枝，枝上还挂着去年的橘子；寒冷的天气，春雷震动，似乎在催促着竹笋赶快抽芽。

---

11 凡今天下之论议我者，苟能取以为善，皆是砥砺切磋我也，则在我无非警惕（tì）修省进德之地矣。

——王阳明《传习录》

现在天下凡是批评我的人，如果能从中获得益处，那都是在和我磨砺切磋，对于我来说，无非是警惕反省、增进德行的机会。

12 宝剑锋从磨砺出，梅花香自苦寒来。

——《增广贤文》

宝剑的锐利刀锋是从不断的磨砺中得到的，捱（ái）过寒冷冬季的梅花更加幽香。

---

13 咬定青山不放松，立根原在破岩中。千磨万击还坚劲，任尔东西南北风。

——郑板桥《题竹石画》

咬住了青山就绝不肯放松，根须已经深扎在岩石缝隙（xì）之中。历经千万次磨砺仍然坚韧，任凭你刮东西南北风。

---

14 大江歌罢掉头东，邃密群科济世穷。面壁十年图破壁，难酬蹈海亦英雄。

——周恩来

气势豪迈的歌刚唱完便东渡日本，为挽救国家危亡而精心研读各门科学。十年苦读是想为祖国和人民干一番大事业，即使目标达不到，理想无法实现，投海殉（xùn）国也是英雄。（另译为：即使为了革命需要，放弃出洋留学追求真理的志向也是英雄）

---

15 患难与困苦是磨炼人格的最高学府。

——［古希腊］ 苏格拉底

16 真正的人生，只有在经过艰难卓绝的斗争之后才能实现。

——［古罗马］ 塞涅（niè）卡

17 如果你问一个善于溜冰的人怎样获得成功，他会告诉你："跌倒了，爬起来。"这就是成功。

——［英］ 牛顿

18 唯坚韧者始能遂其志。

——［美］ 富兰克林

19 人总是要犯错误、受挫折、伤脑筋的，不过绝不能停滞（zhì）不前；应该完成的任务，即使为它牺牲生命，也要完成。社会之河的圣水就是因为被一股永不停滞的激流推动向前才得以保持洁净。这意味着河岸偶尔也会被冲垮，短时间造成损失，可是如果怕河堤溃（kuì）决，便设法永远堵死这股激流，那只会招致停滞和死亡。

——［印度］ 泰戈尔

20 伟大的事业根源于坚韧不断地工作，以全副精神去从事，不避艰苦。

——［英］ 罗素

21 逆境给人宝贵的磨炼机会。只有经得起环境考验的人，才能算是真正的强者。自古以来的伟人，大多是抱着不屈不挠（náo）的精神，从逆境中挣扎奋斗过来的。

——［日］ 松下幸之助

故事一

风雨过后见彩虹

“如果有朝一日视力恢复，你最想看到的是什么？”

“第一就是看看陪我度过寂寞、照亮我人生的钢琴。第二是好好看看爸爸妈妈和我的老师，还要看看蓝天白云和青青的草，看看我生活着的这个美丽世界……”

这是青年盲人钢琴家孙岩接受采访时所说的话。由于患先天性白内障，三岁时矫（jiǎo）正手术失败，从来到人世间，孙岩就没有看到过这个光明的世界。

小时候，爸爸妈妈为了安慰寂寞的孙岩，给他买来了收录机和一盒盒磁（cí）带，让他听音乐、听故事。渐渐地，他对音乐产生了浓厚的兴趣，那美妙的旋律常使他如醉如痴。为了鼓励孙岩，爸爸妈妈又为他买来了电子琴。孙岩高兴极了，整天像着了迷一样弹呀弹呀。没过多久，他竟无师自通地弹出了一些简单的曲子。后来，他与钢琴结下了不解之缘，那一个个跳动的音符成了孙岩的希望。

学琴是个苦差事，对于双目失明的他而言，困难可想而知。普通的教材根本用不上，他只能凭感觉和记忆一点点熟悉曲子。每上一堂新课，老师都要在他的胳膊上先试弹几遍，让他找准感觉，然后再上琴，手把手地帮他找准音位、琴键（jiàn），直到练熟为止。为了练琴，他的手指常常磨出血泡。有时，血泡破了，鲜红的血洒落在洁白的琴键上，他都毫无察觉。

为了认真完成老师留下的作业，妈妈请 70 多岁的姥姥监督。按老师的要求，一支曲子要反复弹300遍。当时他才七八岁，正是贪玩的年纪，为了克制自己，便让姥姥在桌上放300根火柴，每弹一遍取走一根，直到取完为止。

《黄河颂》的排练，简直是一段艰苦漫长的历程。整整一个三伏天，孙岩将自己关在屋子里一遍遍练习，手上一层层的血泡，屁股上数不清的痱（fèi）子，以及那湿了干、干了又湿的衬衫……与其说他用心去体会《黄河颂》的音乐精髓，不如说他将自己经历的苦难与抗争融入这博大而浩荡的音乐美感之中。我们在感受《黄河颂》那激荡人心的悲壮之时，也能感受到孙岩起伏跌宕的情感与执着的精神追索。

之后的日日夜夜，琴声一直伴随着他。他以顽强坚韧的精神、超乎常人的勇气和力量，将苦难轻踩脚下，频频笑取胜利的硕（shuò）果：11岁在北京工人体育场为8万观众演奏钢琴协奏曲《黄河颂》，15岁成为中央音乐学院建校50年来招收的第一个盲人学生，22岁成为第一位在国际残疾人钢琴大赛中获得冠军的中国盲人钢琴演奏家……孙岩的演出遍及海内外，与多家交响乐团成功合作，多次登台为我国领导人和外国元首演出。在那无光无彩的世界中，他奏响了照亮人生的光明曲。

命运向孙岩开了一个不小的玩笑，他看不见五彩缤纷（bīn fēn）的大千世界，终生在黑夜里徘徊（pái huái）。面对这严酷的现实，要么沉沦（lún），接受命运的摆布，成为负担与累赘（zhuì），要么顽强拼搏，向命运之神挑战，向成功与辉煌进军。孙岩显然选择了后者，而且他胜利了！

感悟心语

当命运的大手无情地蒙上他的双眼，当别人的目光叹息生命的悲哀，孙岩依然固执地为梦想插上翅膀，用双手在琴键上写下：相信自己！那变幻的旋律，正是他长在心里的眼睛，描绘出生命乐章在黑暗中的美好！

故事二

跨栏定律

一位著名的外科医生阿费烈德，在解剖（pōu）一位肾（shèn）病患者的尸体时，发现了一个奇怪的现象：患病的肾器官，并不像人们想象得那样糟糕，相反，有疾病的肾在与病魔奋力抗争的过程中，变得比正常的肾大了许多。他在分析另外一只患病的肾时，同样发现它大得超乎寻常。

在之后的医学解剖实验中，他更加注意这种现象。他发现，心脏、肺等几乎所有人体器官都存在着类似“责任担当”的情况。为此，他撰写了一篇颇具影响力的论文。他认为，患病器官因为和病毒做斗争而使器官的功能不断增强。假如有两只相同的器官，其中一只患病或死亡时，另一只就会努力承担起全部的义务，从而使健全的器官变得更加强壮。

阿费烈德在给美术学院的学生治病时，又发现了一个奇怪现象：这些艺术系学生的视力大不如人，有的甚至是色盲。后来，在对艺术院校教授的调研过程中，他发现一些颇有成就的教授之所以走上艺术道路，大都是受了生理缺陷的影响。这些缺陷没能阻止他们前进，相反，还促使他们走上了成功之路。

通过这些例证，阿费烈德总结出“跨栏定律”：一个人的成就大小往往取决于他所遇到的困难程度，竖在你面前的栏越高，你跳得也越高。阿费烈德的“跨栏定律”可以解释现实生活中的许多疑惑：盲人的听觉、触觉、嗅觉都比一般人灵敏；失去双臂的人平衡感更强，双脚更灵巧……这些就像经过精细安排：没有这些缺失，便无法得到那些“补偿”。

缺陷或挫折有时候是上天给我们的成功信息，只要顽强面对，任何一个障碍都会成为超越自我的契机。

感悟心语

贝多芬说：“我要扼（è）住命运的喉咙，它妄想让我屈服！”美国百米赛跑选手盖尔·德弗斯说：“只要我活着，就一定要重返跑道。”他们坦然接受生活带来的磨难，坚强地活着，成为生命的主宰。

学以致用

1. “＿＿＿＿＿＿＿＿＿＿。”在革命战争年代，革命烈士为了国家大义坚贞不屈、视死如归。他们虽已逝去，但他们仁爱百姓、心系家国的精神成了一座座永恒的丰碑。

2. “＿＿＿＿＿＿＿＿＿＿。”的确如此，不管家境优越，还是一贫如洗，不管别人如何逼迫，都不轻易改变自己的志向，这样的人定能成为人中龙凤。

3. “＿＿＿＿＿＿＿＿＿＿。”想想我们自己，读完了小学还有初中在等待我们，读完了初中还有高中在等待我们，读完了高中还有大学在等待我们。读完了大学呢？还有一所名叫社会的大学等待着我们。我想，我们的一生都在永不停息地追寻真理。

4. 想起古人所言“＿＿＿＿＿＿＿＿＿＿”，我暗暗下定决心：假如我成为一名解放军战士，我一定要为守卫祖国奉献终身，哪怕自己的生命；假如我成为一名医生，我一定要为解除病人的病痛竭尽全力，哪怕累倒在病床前；假如我成为一名人民公仆，我一定要为人民利益鞠躬尽瘁，死而后已。

5. 或许挫折让你一蹶（jué）不振、灰心失意，但是你要坚信“是金子总会发光的”，只是需要你经过千百次磨砺，正所谓“＿＿＿＿＿＿＿＿＿＿＿＿＿＿＿＿”。

6. 现在的小学生其实很辛苦，不是吗？早上八点钟之前就要赶到学校，放学后有写不完的作业，甚至午休时间也要上课，双休日还要补课。但是，“＿＿＿＿＿＿＿＿＿＿”，为了今后的辉煌，现在的辛苦拼搏不是很值得吗？

7. 我们从小就有各种各样的志向，有的立志当科学家，有的立志当文学家，只不过，不是每个人都能实现自己的志向。那么，什么样的人才能实现呢？这句名言给出了答案：“________________。”

8. 过去人们常说“吃得苦中苦，方为人上人”，这大概是因为苦难能够磨炼人的意志，能够让人变得更成熟，所以国外有句名言说“________________”。面对困难，我们应该乐观面对，把苦难当作人生的一种历练。

12 责任担当

责任担当导引

梁启超在《少年中国说》中写道："故今日之责任，不在他人，而全在我少年。少年智则国智，少年富则国富，少年强则国强，少年独立则国独立，少年自由则国自由，少年进步则国进步，少年胜于欧洲，则国胜于欧洲，少年雄于地球，则国雄于地球。"

周总理年少时曾发出"为中华之崛起而读书"的呐喊，作为新时代的少年，我们应该肩挑为中华民族伟大复兴而读书的重任。从现在起，好好读书，丰富自己的头脑；好好做人，培养自己的德行。将这份神圣的责任内化于心，外化于行，相信我们的国家会变得越来越美好。

名 言

1 **曾子曰："士不可以不弘毅，任重而道远。仁以为己任，不亦重乎？死而后已，不亦远乎？"**

——《论语·泰伯篇》

曾子说："读书人不可以不心胸宽广和意志刚强，因为他们任务重大而前程遥远。他们把实现仁德作为自己的任务，难道还不重大吗？他们奋斗到死才停止，难道还不遥远吗？"

---

2 **先天下之忧而忧，后天下之乐而乐。**

——范仲淹《岳阳楼记》

在天下人忧之前先忧，在天下人乐之后才乐。

---

3 **位卑未敢忘忧国。**

——陆游《病起书怀》

虽然自己职位低微，但是从不敢忘记忧虑国事。

---

4 **时穷节乃见（xiàn），一一垂丹青。**

——文天祥《正气歌》

时运艰危的时候义士就会出现，他们的光辉形象将一一记在史册上，名垂后世。

---

5 **风声、雨声、读书声，声声入耳；家事、国事、天下事，事事关心。**

——顾宪成

6 **天下兴亡，匹夫有责。**

——梁启超

7 **铁肩担道义。**

——李大钊（zhāo）

8 我们是国家的主人，应该处处为国家着想。

——雷锋

9 我们的地位向上升，我们的责任心就逐步加重。升得愈高，责任愈重。

——［法］ 雨果

10 每一个人都应该有这样的信心：人所能负的责任，我必能负；人所不能负的责任，我亦能负。

——［美］ 亚伯拉罕·林肯

11 社会犹如一条船，每个人都要有掌舵的准备。

——［挪威］ 易卜生

12 一个人若是没有热情，他将一事无成，而热情的基点正是责任心。

——［俄］ 托尔斯泰

13 我们应该不虚度一生，应该能够说："我已经做了我能做的事。"

——［法］ 居里夫人

14 高尚、伟大的代价就是责任。

——［英］ 丘吉尔

15 教师的威信首先建立在责任心上。

——［苏联］ 马卡连柯

16 责任心就是关心别人，关心整个社会。有了责任心，生活就有了真正的含义和灵魂。

——［科威特］ 穆尼尔·纳素夫

故事一

人生的抉择

假如你的人生面对以下三个问题，你会如何选择？

1. 假如你用不到3年的时间，从美国名校拿到博士学位，你的导师对你说："你很有才，如果你跟着我干，我会给你最好的待遇。只要你留在美国，我能让你成为世界一流的科学家。"这时候你会如何选择？

2. 假如有一天，你的爱人回家告诉你："组织要给我调动工作，但是去哪儿、做什么和去多久，我都不能说。"这个时候你该怎么办？

3. 假如有一项事业因为你的努力，让中国在这个领域崛起，提高了中国的话语权，你觉得你应该获得什么奖励？

邓稼先，用他的一生回答了这三个问题：

26岁，他用不到3年的时间，拿到美国的博士学位。在拿到博士学位的第9天，他选择回到当时一穷二白的中国。

34岁，他回家告诉妻子："我要调动工作，明天就走。"妻子问他："你要去哪儿？你要去做什么？你要去多久？"他的回答是："不能说，不能说，不能说。"自此，他便"人间蒸发"了。这一消失就是整整28年。回来的时候，他已是一个直肠癌晚期病人。

61岁，作为中国第一颗原子弹和第一颗氢（qīng）弹理论设计的总负责人，他一共获得了国家科学技术进步特别奖20元。其中，原子弹10元，氢弹10元。

我们不曾想过"两弹元勋（xūn）"这四个金灿灿的大字背后，藏着的那些难以想象：难以想象一次实验事故，邓稼先一个人冲进实验区，捡起那枚摔碎的核弹，命令所有人场外待命；难以想象核辐（fú）射的后果是，止疼用的杜冷丁从一天一针发展到一个小时一针 ；难以想象邓稼先躺在病床上，说得最多的一句话是“你们快去工作吧，别让那些国家把我们中国落得太远”；难以想象他的夫人许鹿希女士今天仍然住在五十多年前的老房子里……

如果邓老还在，知道如今中国发展得这么好，中国的核事业走得这么稳，他该有多骄傲、多高兴。

感悟心语

著名教育家陶行知曾说过：“人生天地间，各自有禀赋（bǐng fù）。为一大事来，做一大事去。”为了国家的核事业，邓稼先奉献了一生，无怨无悔，他是新中国血脉中激烈奔涌的雄壮力量。于国，他是尽责的；于家，他是失职的。然而，在家国利益无法兼顾时，他的选择才如此令人动容！

故事二

种下责任的种子

很久以前，一个12岁的小男孩和小伙伴踢足球，不小心将球踢到了邻居的窗户上，将一块玻璃打碎。一个老人立即从屋里跑出来，大声责问是谁干的。小伙伴急忙逃跑了，小男孩却走到老人跟前，低头向老人认错，并请求老人原谅。可老人十分固执，一定要小男孩给个说法。小男孩委屈地哭了，老人只好同意小男孩回家拿钱赔偿他的损失。

回到家中，闯了祸的小男孩怯（qiè）生生地将事情的经过告诉了父亲。父亲并没有因为他年龄小而原谅他，而是板着脸一言不发，坐在一旁的母亲一直为儿子说情。不知过了多久，父亲才冷冰冰地说："家里虽然有钱，但祸是你闯的，你就应该对自己的过失负责。"然后，他掏出钱严肃地说："这15美元我暂时借给你，你拿去赔给人家，不过，你必须想办法还给我。"小男孩从父亲手中接过钱，飞快地跑去赔给老人。当时，15美元是笔不小的数目，足足可以买125只会下蛋的母鸡！

从此，小男孩一边刻苦读书，一边利用空闲时间打工挣钱。由于年龄小，不能干重活，他就到餐馆帮别人洗盘子刷碗，有时还捡捡破烂。经过半年的努力，他终于挣够了15美元，并自豪地还给了父亲。父亲欣慰地拍着他的肩膀说："一个能为自己的过失负责的人，将来一定会有出息。"

许多年以后，这个男孩成为美国总统，他就是里根。后来，他在回忆往事时深有感触地说：“那一次闯祸之后，我懂得了什么是责任。”

感悟心语

责任不是一个甜美的字眼，它仅有的是岩石般的冷峻（jùn）。当一个人真正地成为社会一分子的时候，责任作为一份成年的礼物已不知不觉地落在他的背上。它是一个你时时不得不付出一切去呵护的孩子，而它给予你的，往往只是灵魂与肉体上的痛苦，这样的一个十字架，我们为什么要背负呢？因为它最终带给你的是人类的珍宝——人格的伟大。

学以致用

1. “________________”，虽然我们现在只是小学生，但是当我们想到台湾还未回到祖国的怀抱，想到新疆（jiāng）尚有分裂势力、暴恐分子在搞破坏，想到美国经常插手我们的南海问题，我们不也为祖国的发展忧心如焚吗？

2. “________________。”众所周知，南宋危急存亡之际，文天祥面对元朝的诱降，坚贞不屈；抗日战争时期，杨靖宇面对日本侵略者的威逼利诱，视死如归。他们都是名垂青史的民族英雄，值得我们每个人敬仰与学习！

3. 在课文《一夜的工作》中，我们切身感受到周总理生活简朴、工作劳苦，他为何要这样呢？因为他有“________________”的远大抱负，所以他总是先想到人民，后想到自己。

4. 很多小学生，学习之余总会看动画片，对家国大事漠不关心，其实这是不对的。如果想全面提升自己的综合素养，就应该“________________________”。

5. 古人说过“________________”，我们现在只是小学生，不可能做出惊天动地的大事，更不可能扭转天下局势，但我们可以为社会、为学校、为家庭做一些力所能及的小事，尤其是学好知识和本领。

6. 铁齿铜牙诉人间悲喜，铁面无私扬天地正气，铁血丹心探是非曲直，铁马金戈讨公平公义，这些都是“________________”的体现。

7. 游客在国外的不文明行为，损害的其实是祖国的声誉；有的同学浪费水电，浪费的其实是祖国的资源。这些做法都是错误的，因为“________________”，这样我们的国家才能蒸蒸日上！

8. “________________。”可见，高尚的品格、伟大的人格并非遥不可及，只要你勇担责任便可实现。那就让我们从今天起，好好学习，承担一个学生的责任；孝顺父母，承担一个子女的责任；文明礼貌，承担一个公民的责任……

9. “________________。”当你当组长时，就要全力管理小组成员，引领他们共同进步；当你当班长时，就要管理好整个班级，带动班级成员奋发向上。

13 合作共赢

合作共赢导引

雷锋同志曾说:“一朵鲜花打扮不出美丽的春天,一个人先进总是单枪匹马,众人先进才能移山填海。”是啊,如果说生存是一门艺术,合作便是基本功。鳄(è)鱼与牙签鸟,小丑鱼与海葵(kuí)……它们互相照料而生存,正如我们相互合作,让自己变得更加强大。

人类的合作互利不止,文明前进的脚步就不会停止。孔子的弟子对恩师言行的整理编纂(zuǎn)让《论语》流芳百世;马克思若是少了恩格斯的帮助,《资本论》便无法面世;跨国合作的人类基因组研究计划,使世界对基因病理的认识有了巨大的跨越……

在生活和学习中,合作必不可少。只有学会合作,互利共赢才能达到一加一大于二的效果。合作犹如一缕阳光,普照在世界的每个角落,使人们更加快乐,使社会更加和谐,使国家更加繁荣。我们应以积极的心态融入集体中,尽己所能地贡献自己的力量,共谱合作共赢新篇章。

名 言

1 **二人同心，其利断金。同心之言，其臭（xiù）如兰。** ——《周易·系辞上》	两人同心，像刀那样锋利，可以切断金属。同心的话，像兰花那样幽香。
2 **上下同欲者胜。** ——《孙子兵法·谋攻篇》	全军上下同心协力就会取得胜利。
3 **众志成城，众口铄（shuò）金。** ——《国语·周语下》	众人同心协力，就像城墙一样牢固；众口一词，能够熔化金属。
4 **天时不如地利，地利不如人和。** ——《孟子·公孙丑下》	有利于作战的天气时令比不上有利于作战的地理形势，有利于作战的地理形势比不上战斗中人心所向、内部团结。
5 **民齐者强，民不齐者弱。** ——《荀子·议兵》	民众齐心合力的就强盛，民众不齐心的就衰弱。
6 **一手独拍，虽疾无声。** ——《韩非子·功名》	一只手单独来拍，虽然速度很快，但发不出声音来。
7 **万人操弓，共射一招，招无不中。** ——《吕氏春秋·孟春纪·本生》	一万人拿着弓箭，共同射向一个目标，这个目标没有不被射中的。
8 **千人同心则得千人之力，万人异心则无一人之用。** ——《淮南子·兵略训》	千人同心就能发挥一千人的力量，万人异心则抵不上一个人的作用。
9 **能用众力，则无敌于天下矣；**	能够利用集体的力量，那么天下没

能用众智，则无畏于圣人矣。

——孙权

有什么不可战胜；能够吸取群众的智慧，那么面对圣人也无所畏惧了。

---

10 人是要有帮助的。荷花虽好，也要绿叶扶持。一个篱笆（lí ba）打三个桩，一个好汉要有三个帮。

——毛泽东

11 五人团结一只虎，十人团结一条龙，百人团结像泰山。

——邓中夏

12 不管努力的目标是什么，不管他干什么，他单枪匹马总是没有力量的。合群永远是一切善良思想的人的最高需要。

——［德］ 歌德

13 人们在一起可以做出单独一个人所不能做出的事业；智慧、双手、力量结合在一起，几乎是万能的。

——［美］ 韦伯斯特

14 单个的人是软弱无力的，就像漂流的鲁滨孙一样，只有同别人在一起，他才能完成许多事业。

——［德］ 叔本华

15 你有一个苹果，我有一个苹果，我们彼此交换，每人还是一个苹果；你有一种思想，我有一种思想，我们彼此交换，每人可拥有两种思想。

——［英］ 萧伯纳

故事一

运斤成风与“甲壳虫”乐队

《庄子 · 徐无鬼》中记载了这样一个故事：楚国郢（yǐng）都有个姓石的匠人技艺高超，他挥舞斧头轻快得像风一样。有一次，一个郢地人捏白善土时将一滴泥点溅（jiàn）到鼻尖上，轻薄得如蝇（yíng）翼一般，便请匠人替他削掉。匠人挥动斧头呼呼作响，随手劈下削去泥点，那个郢地人的鼻子没有丝毫损伤，他始终面不改色地站在那儿。宋元君听说这件事，颇感好奇，便让匠人对着自己表演一遍。匠人却说：“我以前的确能做到，但是我的搭档早就死了，如今我无法完成。”

这便是成语“运斤成风”的故事。纵使匠人技艺高超，没有搭档的配合和成全，他也无法发挥出来。宋代诗人王安石曾作诗赞叹道：“便恐世间无妙质，鼻端从此罢挥斤。”庄子讲这个故事，正是为了感慨好友惠子逝去以后，他再也没有倾心交谈的朋友了。像庄子这样伟大的哲学家，尚且需要切磋琢磨的朋友，何况平凡的我们呢？

20 世纪风靡全球的甲壳虫乐队，无论在艺术性、商业性，还是影响力上都取得了世纪至尊的地位。可是，乐队成立之前，保罗 · 麦卡特尼却是默默无闻的普通人。

1957 年，约翰 · 列侬（nóng）在一次小型演唱会上认识了年仅 15 岁的保罗 · 麦卡特尼。演唱会结束后，小小年纪的麦卡特尼批评列侬唱得不好，吉他也弹得不够好。对此，当时已小有名气的列侬十分不服气，他傲慢地对麦卡特尼说：“你弹弹看。”于是，麦卡特尼小秀了一把，向列侬展现了自己的音乐才能，而且他一字不漏地记住了所有歌词，这让列侬惊讶不已。列侬心想，与其让这毛小子将来超过自己，成为自己的“对手”，还不如邀请他成为自己的合作伙伴。

就在这天，20 世纪最成功的音乐搭档诞生了，列侬和麦卡特尼通力合作，组建了甲壳虫乐队。这支乐队成为迄（qì）今为止影响最为深远的乐队之一。他们曾获得大不列颠帝国勋章、14 项格莱美奖，以及美国公告牌最杰出音乐人 Hot 100 第一名、公告牌最多冠军单曲排行榜第一名，入选摇滚名人堂。

这两则小故事让我们领悟到：合作是一种智慧，也是一种人生境界。与志同道合的伙伴精诚合作，是一个取长补短、相互促进的过程，这是孤军奋战的人永远无法体会的。

感悟心语

即使青春是一枝娇艳的花，但我明白，一枝独放永远不是春天，春天该是万紫千红的世界。即使青春是一株伟岸的树，但我明白，一株独秀永远不是挺拔，成行成排的林木才是遮风挡沙的绿色长城。即使青春是一叶孤高的帆，但我明白，一叶孤帆很难远航，千帆竞发才是大海的壮观。

故事二

天堂与地狱

有一位大善人一生行善，做了许多不留姓名的好事。他临终时很想知道天堂和地狱究竟是什么样子，上帝满足了他的愿望。上帝对他说："来吧！请闭上你的眼睛，我带你去看看天堂与地狱的情况。"

上帝带着大善人以螺（luó）旋式轨迹，迅速通过时空隧（suì）道来到地狱，他对大善人说："请把眼睛睁开。"大善人睁开眼睛，站立在昏暗中，他看到整个地狱森然恐怖，雾气缭（liáo）绕。又紧走几步，大地剧烈摇动，鬼哭魔啸（xiào），震耳欲聋。大善人十分恐惧，紧紧跟着上帝走进一个房间。只见房间里一群人围着一大锅肉汤，他们手中都有一只可以够到锅里的汤勺，但汤勺的柄比他们的手臂还长。他们不停尝试着将汤勺里的汤送进嘴里，可是每次都以失败告终。他们看上去都营养不良、绝望而饥饿，却仍然相互攻击、钩心斗角，唯恐锅里的肉汤被别人喝到。大善人看着上帝感叹道："地狱的生活实在太悲惨了！有食物的诱惑，却又吃不到。您还是带我到天堂看看吧！"

上帝带着大善人飘然飞升，来到了天堂。另一番景象出现在大善人眼前：那里亮如白昼（zhòu），一座城堡（bǎo）金雕玉砌，气势恢宏，一切如梦如幻。上帝将大善人领进一个房间，对他说："看看吧！这就是天堂的生活。"这里的一切陈设和上一个房间一模一样，一锅肉汤、一群人、一样的长柄汤勺。不同的是，这里人人身宽体胖、红光满面，快乐地歌唱。大善人疑惑地问上帝："为什么地狱的人喝不到肉汤，天堂的人却能喝到？”上帝微笑着说：“很简单，在这儿他们会喂别人。”

同样的肉汤，同样的长柄汤勺，不同的只是一群相互合作、团结一致的可敬之人和一帮相互抵触的自私自利之人。

感悟心语

自然界有这样一种现象：当一株植物单独生长时，显得矮小单调，而与众多同类植物一起生长时，则根深叶茂，生机盎（àng）然。人们把植物间这种相互影响、相互促进的现象，称为“共生效应”。其实，人类群体中也存在“共生效应”。英国“卡迪文实验室”从1901年至1982年先后出现了25位诺贝尔奖获得者，便是“共生效应”的一个杰出典型。

学以致用

1. “＿＿＿＿＿＿＿＿＿＿＿＿。”可见，两个人齐心协力所带来的能量是相当巨大的。看过乒乓球双打、羽毛球双打、网球双打、沙滩排球吗？这些运动项目都需要两个人齐心协力共同完成。双打运动员之间的同心合力、心有灵犀（xī）和相互鼓励，能为他们带来更大胜算。

2. 老师努力教，学生努力学，这样的班级往往名列前茅；教练费心教，队员刻苦练，这样的球队往往战无不胜；打仗更是这样，将士们上下一心，往往所向披靡。所以，古人说：“____________________。”

3. 古代行军打仗讲究天时地利人和，但是三者难以兼得。如果三选一，估计绝大多数人都会选择人和，因为“____________________”。

4. 数学老师给我们布置了一道数学难题，并允许我们共同探讨，大家的解题思路互相碰撞后，难题迎刃而解，正所谓“____________________”。

5. 俗话说“人心齐，泰山移”，只要人们心向一处想，力往一处使，就能发挥出移山填海的巨大力量；如果人心不齐，一个人的力量也发挥不出来。可见，“____________________”。

6. 刘备虽有雄心壮志，倘若没有诸葛亮、关羽、张飞等贤臣猛将的辅佐，怎能建立蜀国？刘邦虽有勇有谋，倘若没有张良、韩信、萧何等能臣武将的鼎力相助，怎能建立西汉王朝？所以，“____________________”。

7. 小组合作中，你愿意跟同学们说自己的想法吗？如果你只是一个听众，那么请看这句名言——“____________________”。现在，你懂得交流思想的意义了吧！

8. 哪怕你的篮球天赋超群，如果你很难融入队伍，便无法夺得冠军；哪怕你的演奏技艺高超，如果你的演奏很难与其他演奏者合拍，便无法演奏出优美的乐章。所以，请你时刻记住合群的重要性，正所谓：“____________________。”

14 有容乃大

有容乃大导引

“海纳百川，有容乃大。”大海无边无际，其浩瀚的宽广之美、深沉的内敛（liǎn）之美、雄壮的力量之美一直为文人墨客所称道。大海胸怀博大，他坦然容纳一切奔向他的朋友，无论清流还是污水，珍珠还是沙石……他用博大的胸怀包容它，用丰富的养分滋养它。

做人也应有大海一样的胸怀，对他人多一分包容、多一分理解、多一分和善，便能少一分狭隘、少一分烦恼、少一分怨念。包容是一种宠辱不惊、万事淡然的心态，是一种设身处地、心装他人的品质，是一种笑对人生、乐观忘我的境界。舍弃包容，心灵便会被外在的声音填满，再也没有丝毫空间接纳一点一滴的美好，只能作茧（jiǎn）自缚（fù）在自己设定的牢笼中惶惶不可终日。

名 言

1 **必有忍，其乃有济；有容，德乃大。** ——《尚书·君陈》	一定要忍耐，才能成功；一定要宽容，道德才算高尚。
2 **躬自厚而薄责于人，则远怨矣。** ——《论语·卫灵公篇》	多责备自己而少责备别人，就能远离怨恨了。
3 **己所不欲，勿施于人。** ——《论语·卫灵公篇》	自己不想要的任何事物，不要强加给别人。
4 **川泽纳污，山薮（sǒu）藏疾，瑾瑜匿瑕（jǐn yú nì xiá），国君含垢（gòu），天之道也。** ——《左传·宣公十五年》	河流湖泊能容纳污泥浊水，山林草莽（mǎng）中隐藏着毒虫猛兽，美玉隐匿着瑕疵，国君含忍着耻辱，这是上天的常道。
5 **泰山不让土壤（rǎng），故能成其大；河海不择细流，故能就其深；王者不却众庶（shù），故能明其德。** ——李斯《谏逐客书》	泰山不拒绝每块泥土，所以能成就它的高大；江河湖海不舍弃细小的水流，所以能成就它的深广；称王的人不舍弃民众，所以能宣明他的仁德。
6 **大足以容众，德足以怀远。** ——《淮南子·泰族训》	胸怀博大足以容纳众人，德行足以使远方的人归附。
7 **和以处众，宽以接下，恕以待人，君子人也。** ——《省心录》	和气地和众人相处，宽容地对待下属，以宽恕的态度对待有过失的人，这样的人才是君子啊。

8 君子浩海之气，不胜其大；小人自满之气，不胜其小。

——薛瑄（xuē xuān）《读书录》

君子如大海般浩瀚的气度，没有比它更大的了；小人自满的小气量，没有比它更小的了。

---

9 得饶（ráo）人处且饶人。

——《说岳全传》

能宽容别人的地方就不要揪（jiū）住不放。指应知迁就和宽恕，不可把事情做绝。

---

10 海纳百川，有容乃大；壁立千仞（rèn），无欲则刚。

——林则徐

大海因为有宽广的胸怀才可容纳成百上千条河流；高山因为没有钩心斗角的私心杂念才可如此挺拔。

---

11 度尽劫波兄弟在，相逢一笑泯（mǐn）恩仇。

——鲁迅《题三义塔》

经历了劫难后，兄弟之间的情谊仍在，相逢的时候相视一笑，所有恩仇都让它消散吧。

---

12 宽容就像清凉的甘露，浇灌了干涸（hé）的心灵；宽容就像温暖的壁炉，温暖了冰冷麻木的心；宽容就像不熄的火把，点燃了冰山下将要熄灭的火种；宽容就像一只魔笛，把沉睡在黑暗中的人叫醒。

——［法］雨果

13 紫罗兰把它的香气留在那踩扁了它的脚踝（huái）上，这就是宽容。

——［美］ 马克·吐温

14 仇恨之箭也射向了我，但从未伤害我，因为它们从某种程度上属于另一个世界，而我与之没有多少关联。

——［瑞士 / 美国］ 爱因斯坦

15 有时宽容引起的道德震动比惩罚更强烈。

——［苏联］ 苏霍姆林斯基

故事一

成为湖泊

很久以前，在深山的寺庙里，有一个年轻的小和尚过得很不快乐，整天为了一些鸡毛蒜（suàn）皮的小事唉声叹气。于是，他向师父求教："我总是烦恼，爱生气，请您开导开导我吧！"

师父说："你先去集市买一袋盐。"

小和尚买回来后，师父吩咐道："你抓一把盐放入一杯水中，待盐溶化后，喝上一口。"

小和尚喝完后，师父问："味道如何？"

小和尚皱（zhòu）着眉头答道："又咸又苦。"

然后，师父带着小和尚来到湖边，吩咐道："你把剩下的盐撒进湖里，再尝尝湖水。"

弟子撒完盐，弯腰捧起湖水尝了尝。

老和尚问："什么味道？"

"纯净甜美。"小和尚答道。

"尝到咸味了吗？"老和尚又问。

"没有。"小和尚答道。老和尚点了点头，微笑着对小和尚说："生命中的痛苦就像这盐的咸味，我们所能感受和体验的程度，取决于我们将它放在多大的容器里。"小和尚若有所悟。

现实生活中，我们常常因为一些小事耿（gěng）耿于怀，最后弄得自己伤痕累累。探其根源，只是因为我们失了宽容之心。让心成为湖泊，慢慢博大自己的胸怀，这样仇恨、愤怒、怨气便会如盐的咸味一般溶化在心湖中，丝毫不损它的纯净甘美。

感悟心语

生活如海，宽容作舟，泛舟于海，方知海之宽阔；生活如山，宽容为径，循径登山，方知山之高大；生活如歌，宽容为曲，和曲而歌，方知歌之动听。

故事二

我是鞋匠的儿子

林肯（1809—1865），美国政治家、思想家，黑人奴隶制的废除者，美国第16任总统。他出生于一个贫困农民家庭，从小受过很多挫折与苦难，用他自己的话说，他的童年是“一部贫穷的简明编年史”。

在林肯当选美国总统的那一刻，整个参议院的议员们都感到尴尬（gān gà），因为林肯的父亲是个鞋匠。当时美国的参议员大部分出身于名门望族，自认为是上流社会的人，有着与生俱来的优越感，他们没想到，今后要面对的总统是一个卑微的鞋匠的儿子。

当林肯首次在参议院发表演说时，这些自视甚高的参议员有了羞辱他的机会。当时，一个态度傲慢的参议员讥讽（jī fěng）地说：“林肯先生，在你开始演讲之前，我想提醒你一下，希望你记住自己是鞋匠的儿子。”全场哄（hōng）笑，可林肯没有动怒，他微笑着说：“先生，非常感谢您使我想起我的父亲，他已经去世多年。我一定会记住您的忠告，我永远是鞋匠的儿子。我知道，我做总统永远无法像父亲做鞋匠做得那样好。”

此时，参议院鸦雀无声。林肯对那个傲慢的议员说：“我知道，我父亲曾为您的家人做过鞋子。如果您的鞋子不合脚，我可以帮您修理。虽然我不是出色的鞋匠，但我从小跟父亲学会了做鞋子的技术，相信难不倒我的。”

然后，他又转身面对所有参议员，平静地说：“我一向一视同仁，如果你们穿的鞋是我父亲做的，并且需要修理，我一定帮忙。但有一点需要声明：我的手艺一定比不上我的父亲，我敢肯定他的手艺是举世无双的。”说到这里，林肯流下了眼泪，此时所有的嘲笑声都化作真诚的掌声。

林肯任职期间，有好朋友劝他：“你为什么试图把打击你的政敌变成朋友呢？对敌人，你应该想办法打击他们、消灭他们。否则，他们会在你以后的政治道路上为难你的。”林肯却温和地说：“我难道不是在消灭政敌吗？当我们成为朋友时，政敌就不存在了。”

林肯是美国历史上最有作为的总统之一，在以他的名字命名的纪念馆中，镌刻着他说过的这样一段话：“对任何人不怀恶意；对一切人宽大仁爱；坚持正义，因为上帝使我们懂得正义；让我们继续努力去完成我们正在从事的事业，包扎我们国家的伤口。”

感悟心语

马克思曾经这样评价林肯：“他是一位达到了伟大境界而仍能保持自己优良品质的罕有的人物。这位出类拔萃和道德高尚的人竟是那样谦虚，以致只有在他成为殉道者倒下去之后，全世界才发现他是一位英雄。”

学以致用

1. 有的小朋友喜欢拿同学“开涮（shuàn）”，但是当自己被恶搞的时候就不高兴了，如果我是班主任，我会用“____________________”来教育这样的小朋友。

2. 很多同学犯错误的时候，总是把责任推脱给其他同学，这样往往会招致同学的怨恨，这时我们要牢记古人的教诲：“____________________”。

3. 当你的同学弄倒了你的桌子，或踩坏了你的文具，或弄丢了你的书本时，如果他们向你表达了歉意，你切不可揪住不放，正所谓“____________________”。

4. 比胸怀气度，我们要向君子看齐，千万不能与小人相比，因为“____________________”。

5. “________________”，由此联想到我们可爱的班主任。他能容得下形形色色的学生，一定胸怀宽广；他能公正公平地处理层出不穷的班级问题，一定正直无私。

6. 或许你和他曾有过节，可是，想想你们共同度过的艰苦岁月，这点过节算得了什么呢？就让它随风而逝吧！有句名言说得好：“____________________。”

7. 当别人给予你伤害，你以德报怨，用自己的美好品行感化他时，多么令人动容。这不禁让我想起一句名言：“________________。”

8. 当你上课打瞌睡、不写作业、破坏课堂纪律时，老师不但没有批评你，还宽容地接纳你，耐心地引导你，你不觉得这比批评你更难受吗？你不会暗下决心痛改前非吗？可见，“________________”。

15

立志有成

立志有成导引

“有志者，事竟成，破釜（fǔ）沉舟，百二秦关终属楚；苦心人，天不负，卧薪（xīn）尝胆，三千越甲可吞吴。”立志对一个人来说是至关重要的。范仲淹立下“先天下之忧而忧，后天下之乐而乐”的大志，最终成为世人皆知的良才；王阳明从小立下读书做圣贤的大志，后来果真成为一代圣贤。

“人无志，无以立”，一个人没有志向就没有前进的动力和目标，很容易在人生的关口迷失。人的一生中志向很多，立什么样的志决定了将来能成为什么样的人。古人云：“取乎其上，得乎其中；取乎其中，得乎其下；取乎其下，则无所得矣。”所以，少年从小要立大志，然后在“志”的引导下，持之以恒地去“学而时习之”，最后达到“己欲立而立人，己欲达而达人”的境界。

名　言

名言	释义
1 子曰："三军可夺帅也，匹夫不可夺志也。" ——《论语·子罕篇》	孔子说："三军的统帅可以被人抓去，一个人的志气不能被人强迫改变。"
2 志不强者智不达。 ——《墨子·修身》	志向不坚定的人，才智也不会通达。
3 志之难也，不在胜人，在自胜也。 ——《韩非子·喻老》	立志的困难，不在于战胜别人，而在于战胜自己。
4 身可危也，而志不可夺也。 ——《礼记·儒行》	身体可以受到伤害，但志向不可改变。
5 老骥伏枥（lì），志在千里；烈士暮年，壮心不已。 ——曹操《龟虽寿》	年老的千里马卧在马槽（cáo）里，但它仍有驰骋（chí chěng）千里的雄心壮志；有远大抱负的人到了晚年，奋发思进的雄心不会止息。
6 志当存高远。 ——诸葛亮《诫外甥（shēng）书》	一个人应当怀抱高远的志向。
7 坚志者，功名之主也。 ——葛洪《抱朴子·广譬（pì）》	坚定的志向，是获得功勋荣誉的根本。
8 有志者事竟成。 ——《后汉书·耿弇（yǎn）列传》	有志向的人，做事终究会成功。
9 老当益壮，宁移白首之心？穷	虽然年老，但志气更加旺盛，怎能

且益坚，不坠青云之志。 ——王勃《滕王阁序》	在白发苍苍时改变心志？境遇虽然困苦，但更加坚韧，绝不会抛弃自己的凌云壮志。
10 **黄沙百战穿金甲，不破楼兰终不还。** ——王昌龄《从军行七首》	守边将士身经百战，铠（kǎi）甲磨穿，壮志不灭，不打败进犯之敌，誓不返回家乡。
11 **立志而圣，则圣矣；立志而贤，则贤矣。志不立，如无舵之舟，无衔之马，漂荡奔逸，终亦何所底乎？** ——王阳明《教条示龙场诸生》	立志成为圣人，就可以成为圣人了；立志成为贤人，就可成为贤人了。不立志，就好像没有舵的船，没有马嚼（jiáo）子的马，四处漂荡，肆意奔跑，最后要去向何处呢？
12 **立志用功，如种树然。方其根芽，犹未有干；及其有干，尚未有枝；枝而后叶，叶而后花、实。** ——王阳明《传习录》	立志用功，就像种树一样。刚开始只有根和芽，还没有树干；后来有了树干，还没有树枝；长了树枝再长树叶，长了树叶以后再开花、结果。
13 **志之所趋，无远勿届，穷山距海，不能限也。志之所向，无坚不入，锐兵精甲，不能御也。** ——金兰生《格言联璧》	只要下了决心，不论多远，也没有不能到达的地方，即使深山大海也阻挡不了。只要下了决心，不论多坚固，也没有不能攻克的敌人，即使精锐兵器也防御不了。

14 **男儿立志出乡关，学不成名誓不还。**

——毛泽东

15 **为中华之崛起而读书。**

——周恩来

16 **立志是事业的大门，工作是登门入室的旅途。**

——［法］巴斯德

故事一

史家之绝唱，无韵之离骚

司马迁从小在史官家庭中长大，受到良好的文化熏（xūn）陶，自幼就养成了读书写作的好习惯。他十岁开始学习古文书传（zhuàn），二十岁开始四处游历，广交朋友，足迹遍及江淮流域和中原地区，他考察各地历史遗迹、民情风俗、经济生活，采集遗闻逸事，积累了大量历史资料。

此后，他遵从父亲遗嘱，努力读书，立志完成一部能够“藏之名山，传之其人”的史书。就在他撰写《史记》第七年，发生了历史上有名的李陵案。

李陵是名将李广的孙子，司马迁早年见过李广，后与李陵同在宫廷中随侍君王左右，虽然没能相交成为知己好友，但十分佩服李陵的为人。公元前 99 年，李陵率领部队抗击匈（xiōng）奴。他孤军深入高山时，与单（chán）于遭遇。经过八昼夜的战斗，李陵率部斩杀匈奴一万多人，但因得不到主力部队的支援（yuán），结果弹尽粮绝，不幸被俘（fú）。汉武帝听说后，十分愤怒。满朝文武官员察言观色，趋炎附势，纷纷指责李陵的罪过。汉武帝便问太史令司马迁对李陵的看法，司马迁向来痛恨那些见风使舵的大臣，尽力为李陵说好话。他认为李陵平时对母亲孝顺，对朋友讲信义，对士兵有恩信，为人谦虚礼让，这样的人绝不会向匈奴投降。司马迁为李陵直言辩白触怒了汉武帝，于是被打入大牢。经过审讯，他被判了个欺骗皇上的罪名，这可是死罪。当时，犯死罪的人根据两条旧例可以免除一死：一条是拿钱赎罪，一条是接受“腐刑”。拿钱赎罪对于一般的家庭而言是行不通的，为了实现著史的志向，他宁可忍受“腐刑”的屈辱。

司马迁出狱后，强忍奇耻大辱，毅然发愤著书。他历经艰辛，用了十六年时间完成了《史记》的写作，人称其书为《太史公书》。此书是中国第一部纪传体通史，被列为“二十四史”之首，对后世史学影响深远；其语言生动优美、人物形象鲜明、内容翔实，受到世人推崇。鲁迅曾高度评价《史记》为“史家之绝唱，无韵之离骚”。

在悲痛欲绝时，远大志向成为司马迁心中的一盏明灯，不但让他勇敢地活下来，还成就了他的光辉人生。

感悟心语

我的目光停留在历史的湖畔，流水潺（chán）潺。历史的风猎猎作响，我听到了陈涉的霸气宣言：“燕雀安知鸿鹄（hóng hú）之志哉！”甘罗稚嫩而坚定的声音从远方飘忽而至：“有志不在年高，无志空长百岁。”

故事二

成功的脚印

比尔·拉福是美国著名企业家，他创办的拉福商贸公司，总资产从最初的几万美元发展到今天的几亿美元。他之所以能成功，与他小时候立下的志向有很大关系。一个人的志向就像在茫茫大海中指明方向的指南针，左右着人生航向。

拉福从小就立志，要当一名成功的商人。父亲觉得拉福机敏伶俐，做事干练果断，极有商业天赋，所以鼓励他为梦想不断努力奋斗。

高中毕业后，拉福考入麻省理工学院，他没有直接攻读经济学相关专业，而是选择了工科中最基础的机械制造专业。好多人对此不解，他们觉得做生意与机械制造没有直接关系，但拉福深深懂得做生意眼光要长远，有时看似无用的东西能带来巨大的商机。

大学毕业后，拉福没有马上投身商海，他选择继续深造，在芝加哥大学攻读他喜欢的经济学专业。这期间，拉福掌握了经济学的基本知识，弄清了影响商业的众多因素，还特意认真学习了经济法。

大家都以为，毕业后拉福会立即从商。可出乎意料的是，他没有这样做，他选择考公务员，去政府部门工作。

你们会以为他早已忘却当年立下的志向，其实不然，他一分钟都没有忘记过。只是他深知，经商需要具备多方面能力，为了顺利实现自己的志向，他愿意多学习、多尝试、多历练。

终于，在政府部门工作五年后，拉福辞去公职，去了父亲为他引荐的通用公司上班。在通用公司工作那两年，他已熟练掌握商情与商务技巧，工作业绩也非常好。可是，“成为一个成功商人”的志向召唤着他，此时他觉得自己准备好了，于是毅然辞职，婉拒通用公司的高薪挽留，着手开办拉福商贸公司。他梦寐（mèi）以求的从商生涯终于开始了。

拉福商贸公司经营项目多、员工多，要管理这样一家企业实属不易。可是，拉福准备得太充分了，从技术到经营到人事管理，各个环节他都非常在行，所以他的从商之路异常顺畅。

为了实现志向，拉福一步一个脚印，淡定从容地谋篇布局，最终成就了一个奇迹。

感悟心语

心随朗月高，志与秋霜洁。人须立志，志立则功就。天下古今之人，未有无志而建功者。心中有目标、有志向，并能为之筹谋布局，努力奋斗，定能成就一番伟业。

学以致用

1.“____________”，遇到难题就退缩的同学难以发挥自己的潜能，只有具备攻克难关的志气，你的智慧才能得到充分发挥。

2. 古人说：“____________________。”有的同学经常下决心，但是隔不了几天就忘得一干二净，他们没有战胜自己的惰性。所以，对手再强也不可怕，最可怕的敌人其实是自己。

3. 霍金，全身瘫痪，但是他成为最伟大的物理学家之一；贝多芬，双耳失聪，但是他成为举世闻名的音乐家。这充分说明了“____________________”。

4. 有的同学的志向是成为老师、成为医生、成为解放军，不能说不好，但是比起毛主席“____________________”，周总理“____________________”，康有为“自强为天下健，志刚为大君之道”的雄心大志，不免相形见绌（chù），所以说“____________________”。

5. 如果我们立下了志向，一定要为之努力，请相信“____________________”，切不可半途而废、前功尽弃，也许成功离你只有一毫米。

6. 有些家境贫困的孩子，成绩异常优秀，这是因为贫苦磨砺了他们的意志，让他们更加坚定地朝着自己的目标不断前行，这些孩子“____________________”，值得我们学习。

7. 古人言：“____________________”那些生活懒散、不思进取、虚度光阴的人，当他们一事无成时，便会后悔当初没有立下志向，并为之努力拼搏。

8. 古人说：“____________________。”这就告诉我们可以立大志，但是要成就大志向，也得一步一步来。比如你现在是60分的水平，想考100分，请慢慢来，先考70分，再考80分、90分，这样你离100分的目标就不远了。

16 仁者爱人

仁者爱人导引

"仁"者，人也。"仁"是悲天悯人之情，也是将义、礼、智、信、孝等贯通在一起的通德。仁爱之人有"老吾老以及人之老，幼吾幼以及人之幼"的情怀，有博爱之心，爱天下万物。

仁爱是儒家思想的核心，也是中华正统文化精神的根基。仁爱垒起中华民族的精神家园，它用飘飘的杏花，酿造中华文明的芳香；它用高高的宫墙，围住中华文化的精髓；它用万卷的诗书，传授民族精神的奥妙。它贯穿中华民族几千年历史，早已在中国人的心中深深扎了根。

东汉末年的淳（Chún）于恭宽容地对待因闹饥荒而来他家偷摘果树、偷割稻禾的人，仁爱之心感化乡里；三国时期吴国名医董奉治病不收诊费，只要求被治愈者在他住所周围种植杏树，待杏子成熟后，将其卖掉换成谷子，用来救济贫民；唐朝著名文人柳宗元施行仁政，用三年时间让柳州有了一番新气象，获得百姓称颂……

全世界有很多个国家，每个国家又有很多个民族，每个国家、每个民族的文化、宗教、风俗差异很大，要想实现"大同"世界，必须有一种人类普遍认同的价值观，那必然是"以天地万物为一体"的仁爱精神！

名言

1 子曰："人而不仁，如礼何？人而不仁，如乐何？" ——《论语·八佾（yì）篇》	孔子说："一个人没有仁德，怎样来对待礼仪制度呢？一个人没有仁德，怎样来对待音乐呢？"
2 子曰："老者安之，朋友信之，少者怀之。" ——《论语·公冶长篇》	孔子说："（我的志向是）让老者安逸，让朋友信任我，让年轻人得到关怀。"
3 夫仁者，己欲立而立人，己欲达而达人。能近取譬，可谓仁之方也已。 ——《论语·雍也篇》	仁人要做到：自己想树立的也帮别人树立；自己想达到的也帮别人达到。凡事能就近以自己作比，而推己及人，可以说是实践仁道的方法了。
4 子曰："克己复礼为仁。一日克己复礼，天下归仁焉！为仁由己，而由人乎哉？" ——《论语·颜渊篇》	孔子说："克制自己，使言语行动都合乎礼，这就是仁。一旦这样做了，天下人都会称许你是仁人。实践仁德全凭自己，难道凭别人吗？"
5 樊迟问仁。子曰："居处恭，执事敬，与人忠。虽之夷狄（yí dí），不可弃也。" ——《论语·子路篇》	樊迟问什么是仁。孔子说："平日容貌态度端正庄严，工作严肃认真，待人忠心诚意。（这几种品德，）纵使到夷狄之地，也不可废弃。"
6 天下兼相爱则治，交相恶则乱。 ——《墨子·兼爱上》	天下人全都相亲相爱则天下大治，相互仇恨则天下大乱。

7 仁者无敌。 ——《孟子·梁惠王上》	有仁德的人是无敌于天下的。
8 天子不仁，不保四海；诸侯不仁，不保社稷（jì）；卿大夫不仁，不保宗庙；士庶人不仁，不保四体。 ——《孟子·离娄上》	天子不仁，便保不住他的天下；诸侯不仁，便保不住他的国家；卿大夫不仁，便保不住他的祖庙；普通士人和老百姓不仁，便无法保全自己的身体。
9 君子以仁存心，以礼存心。仁者爱人，有礼者敬人。爱人者，人恒爱之；敬人者，人恒敬之。 ——《孟子·离娄下》	君子把仁保存在心里，把礼保存在心里。仁人爱别人，有礼的人尊敬别人。爱别人的人，别人一直爱他；尊敬别人的人，别人一直尊敬他。
10 温良者，仁之本也；敬慎者，仁之地也；宽裕者，仁之作也；孙（xùn）接者，仁之能也；礼节者，仁之貌也；言谈者，仁之文也；歌乐者，仁之和也；分散者，仁之施也。 ——《礼记·儒行》	温和善良，是仁的根本；恭敬谨慎，是仁的实践；宽缓充裕，是仁的动作；谦逊接物，是仁的技能；礼貌仪节，是仁的外表；言语谈吐，是仁的文饰；歌舞音乐，是仁的和悦；分财散物，是仁的布施。
11 博爱之谓仁，行而宜之之谓义，由是而之焉之谓道，足乎己无待于外之谓德。 ——韩愈《原道》	博爱叫作仁，恰当地去实现仁就是义，沿着仁义之路前进就是道，使自己具备完美的修养，而不去依靠外界的力量就是德。

12 博爱者，人生最贵之道德也。人之所以能为人者以此。苟其知有一身而不知有公家，知有一家而不知有社会，熟视其同胞之疾苦颠连，而无动于衷，不一为之援手，则与禽兽奚（xī）择焉？

——蔡元培

13 爱满天下。

——陶行知

14 爱是生命的火焰（yàn），没有它，一切变成黑夜。

——［法］ 罗曼·罗兰

15 如果我们想要自己的物种得以存活，如果我们发现了生命的意义，如果我们想拯救这个世界和每一个居住在世界上的生灵，爱是唯一的答案。

——［瑞士/美国］ 爱因斯坦

16 没有爱，就没有教育。

——［苏联］ 苏霍姆林斯基

故事一

英年早逝的仁爱太子

萧统（501—531），字德施，小名维摩，是梁武帝萧衍的长子。天监元年（502）十一月，萧统被立为皇太子。

萧统自小聪慧仁爱，很得武帝宠爱。十二岁时，萧统看到司法官员准备判案，仔细阅览案卷之后，将原本要判徒刑以上重罪的案件都批为杖责五十棍。官员将此事报告给武帝，武帝笑着让他照此办理。此后，武帝多次让他旁听审案，每逢有意宽大处理的，便让太子来判决。

普通七年（526）十一月，萧统生母丁贵嫔（pín）生病，他从早到晚侍奉母亲，衣不解带。母亲病重过世，他滴水不沾，每次痛哭得昏厥过去。武帝担心他的身体，只好用皇命逼迫他吃点东西，他这才开始进食，但是每天吃得非常少，连蔬菜水果都没碰过。他本来身体健壮，可因为母亲辞世，他竟消瘦大半，满朝文武都被他的孝心所感动。

萧统成年以后，武帝便让他学着处理政事。那些官员奏事的时候，一旦有说错话或者说假话的，他都能立马分辨出来，并指出错误，让官员慢慢改正。但是，他从没有在武帝面前举报他们的过错。

普通年间，大军北侵魏国，京城米价飞涨，萧统立马减衣缩食。每到雨雪天气，他就派心腹巡视街巷，看到贫苦百姓，便私下送米给他们。他还拿出宫中的布匹，每年缝制三千套衣裤，到了冬天，便匿名施舍给需要的百姓。

每次听说百姓遭受赋税劳役之苦，他都面色沉重，忧虑万分。当时，吴兴郡（jùn）因多次遭遇水灾而粮食歉收，有官员上奏朝廷，说应该挖掘河道泄洪，武帝接纳了这个建议。中大通二年（530）春天，武帝派人去吴郡、吴兴郡和信义郡征召壮丁开挖河道。太子不忍，上书劝武帝暂且搁置这项工程，等百姓富足了再施行。武帝见萧统说得有理，便下诏（zhào）按他的意见办理。

萧统平时仁慈宽厚，曾在宫内见到有人手拿棍子清道赶人。他怕棍子打人太疼，便让他们换成小板子。他每次在饭菜中发现苍蝇小虫，都悄悄地拨到盘子边上，不让人知道，他不想因为这点小事让厨师受到责罚。还有一次，他见到门外有小孩子玩赌钱游戏，当时朝廷有禁赌法令，规定士族聚赌的流放，百姓聚赌的判徒刑。萧统认为这样的刑罚太重了，便下令修改法令，百姓聚赌的改为徒刑三年以内，士族聚赌的则免去官职。之后，法令中规定应处死的，一律减为无期徒刑，其他刑罚都减刑一半。

萧统孝顺父母、宽容下属、仁爱百姓，很受爱戴，可惜天妒英才，他三十一岁那年便英年早逝了。他的离去，令朝廷上下震惊不已，更让百姓悲痛万分。

感悟心语

仁爱是一片照射在冬日的阳光，使贫病交迫的人感受到人间的温暖；仁爱是一泓（hóng）沙漠里的泉水，使濒临绝境的人重新看到生活的希望；仁爱是一首飘荡在夜空的歌谣，使孤苦无依的人获得心灵的慰藉。

故事二

天使特蕾（lěi）莎修女

1997 年 9 月 5 日，印度加尔各答大雨倾盆，连老天也在为离我们而去的特蕾莎修女悲伤哭泣。她是世界著名的慈善工作者，曾被美国人民票选为 20 世纪最受尊敬人物榜单之首，于 1979 年荣获诺贝尔和平奖。在诺贝尔和平奖的历史上，只有两位获奖者全票通过：一位是史怀泽博士，另一位就是特蕾莎修女。

特蕾莎修女从小生长在一个虔（qián）诚的天主教家庭里，她的母亲对身边所有人的关心爱护，牢牢地印在特蕾莎的心里，那颗仁爱的种子已悄悄地在她心中生根发芽。在母亲潜移默化的影响下，特蕾莎从小就懂得关爱他人，她从不让上门乞讨的人空手而归。

有一次，父亲问特蕾莎想要什么圣诞礼物，特蕾莎说："爸爸，您有没有一种治愈贫穷的药？我想送给所有的穷人，让他们不再受到贫穷的折磨。"

慢慢地，特蕾莎长大了。她每天做的事情就是推着小车，在垃圾堆里、水沟中、教堂门口、公共建筑的台阶上，捡回奄（yǎn）奄一息的病人、被遗弃的婴孩、垂死的老人，为他们的温饱病痛四处奔忙……很多人把她当成乞丐，当成疯子，他们根本不明白她为什么要做这些事情，甚至打骂她，赶她走。可后来，越来越多的人被她感动了。

特蕾莎修女毫不吝啬（lìn sè）地播撒自己的善意，她用自己的实际行动温暖着孤独寂寞的灵魂。

有一次，特蕾莎修女走在大街上，她看见一个老人低头站立在马路边。她走过去握住他的手，没有一句言语，只是这样静静地握着。过了许久，老人抬起满是泪水的脸庞，轻轻地说："谢谢，很久没有触到这么温暖的手了。"

还有一次，特蕾莎修女走进一个孤独的老人家里，她看见屋子里一片杂乱，连灯都没有开。她上前询问老人原因，老人回答："为谁开呢？我又不需要。"特蕾莎修女温柔地说："如果我需要，您能为我开吗？"老人露出久违的笑容，感动地点了点头。从此，她点亮了老人心中的一盏灯。

特蕾莎修女说："我们以为贫穷就是饥饿、衣不蔽（bì）体和没有房屋。然而最大的贫穷却是不被需要、没有爱和不被关心。末后的时代，物质的丰富，无法掩盖精神的贫穷；光鲜的外表，无法隐藏心灵的虚空；社会的进步，无法修饰爱心的冷漠。"为了那些被遗弃的灵魂，特蕾莎修女在自己有限的生命中，将仁爱之心撒向了世界，用大爱普度众生。她说："爱，就是我要说的主题，在这个世界上，一切都会消失，但爱会留下来。"

虽然她已离我们远去，但她的"人生戒律"仍在世界各地流传着：

人们经常是不讲道理的、没有逻辑（luó jí）的和以自我为中心的，不管怎样，你要原谅他们；

即使你是友善的，人们可能还是会说你自私和动机不良，不管怎样，你还是要友善；

当你功成名就，你会有一些虚假的朋友和一些真实的敌人，不管怎样，你还是要取得成功；

即使你是诚实的和率直的，人们可能还是会欺骗你，不管怎样，你还是要诚实和率直；

你多年来营造的东西，有人在一夜之间把它摧毁，不管怎样，你还是要去营造；

如果你找到了平静和幸福，他们可能会嫉妒（jí dù）你，不管怎样，你还是要快乐；

你今天做的善事，人们往往明天就会忘记，不管怎样，你还是要做善事；

即使把你最好的东西给了这个世界，也许这些东西永远都不够，不管怎样，把你最好的东西给这个世界。

感悟心语

“技不在高而在德；术不在巧而在仁。”特蕾莎修女看的是病，救的是心；开的是药，给的是情。她是人间天使，是济世良药，她用她的博爱把分散在世界各地的孤独贫穷者联结成一个大家庭。在这个大家庭中，每个人都因为爱变得不再孤独，不再冷漠。

学以致用

1. “____________。”不言而喻，一个仁爱之人无论在什么地方都如出一辙。有的同学却不这样，在自己家里讲卫生，到了公共场所就随地吐痰；对朋友诚实守信，对陌生人却言不由衷。

2. 经常帮助同学的人，很容易受到同学的尊重，比如你给同学一个微笑，同学也会给你一个微笑，你给同学一次帮助，同学会感恩图报，正所谓“____________________”。

3. “____________________。”可见，不仁不义的危害极大。当你的父亲开车与其他司机抢道行驶的时候，提醒他礼让他人。

4. “____________________。”确实如此，如果国与国之间互敬互爱，则世界和谐完满，如果国与国之间争斗不止，则天下大乱，两次世界大战就是前车之鉴。

5. 古人常说做人要讲“仁义道德”，那么小学生该怎么做呢？不妨从“________________________”这句话中寻找答案：爱老师，爱同学，爱你熟悉的人，也要爱你不熟悉的人；一言一行都要表现出你对他们的爱；竭尽所能地去爱他们、帮助他们，这样修养便自然而然地提升了。

6. 有一首歌唱得好：“只要人人都献出一点爱，世界将变成美好的人间。”换句话说，只要人人都献出一点爱，整个世界将“________________________”。

7. 世界上，每一个生命都值得尊重。面对装点校园的鲜花，请不要忘记爱护它们；面对无家可归的小动物，请不要忘记照顾它们；面对孤苦无依的老人，请不要忘记关心他们……有句名言说得好：“____________________。”

8. 学校是有最多爱的地方，老师爱同学，同学爱老师，老师爱老师，同学爱同学，真是爱意浓浓，而且我们在学校接受最多的教育也是爱：如亲情友爱、关爱动物、爱护环境、爱惜时间、爱惜名誉……难怪有句外国名言说：“____________________。”

参考答案

01　心性善良

1. 道善则得之，不善则失之矣
2. 积善之家必有余庆，积不善之家必有余殃
3. 善无主于心者不留，行莫辩于身者不立
4. 一善染心，万劫不朽。百灯旷照，千里通明
5. 人而好善，福虽未至，祸其远矣。人而不好善，祸虽未至，福其远矣
6. 善良，是一种世界通用的语言，它可以使盲人看到，聋子听到
7. 在一切道德品质之中，善良的本性在世界上是最需要的
8. 良心是我们每个人心头的岗哨，它在那里值勤站岗，监视着我们别做出违法的事情来，它是安插在自我的中心堡垒中的暗探
9. 善不是一种学问，而是一种行为

02　孝敬父母

1. 事父母几谏，见志不从，又敬不违，劳而不怨
2. 今之孝者，是谓能养。至于犬马，皆能有养；不敬，何以别乎？
3. 父在，观其志；父没，观其行；三年无改于父之道，可谓孝矣
4. 生，事之以礼；死，葬之以礼，祭之以礼
5. 父母之年，不可不知也　一则以喜，一则以惧
6. 夫孝，天之经也，地之义也，民之行也
7. 孝子之至，莫大乎尊亲；尊亲之至，莫大乎以天下养
8. 失了慈母便像花插在瓶子里，虽然还有色有香，却失去了根
9. 天下最不能等待的事情莫过于孝敬父母

03　至诚有信

1. 言而不信，何以为言？
2. 言必信，行必果
3. 诚者，天之道也；诚之者，人之道也
4. 巧诈不如拙诚
5. 至诚则金石为开
6. 古之所谓正心而诚意者，将以有为也
7. 文以行为本，在先诚其中

8. 与人不诚则丧德而增怨
9. 千教万教，教人求真；千学万学，学做真人

04 永存感恩

1. 投我以桃，报之以李
2. 事师之犹事父也
3. 明师之恩，诚为过于天地，重于父母多矣
4. 谁言寸草心，报得三春晖
5. 羊有跪乳之恩，鸦有反哺之义
6. 为学莫重于尊师
7. 片言之锡，皆吾师也
8. 吃水不忘挖井人，前人栽树后人乘凉
9. 人家帮我，永志不忘

05 勤俭节约

1. 克勤于邦，克俭于家
2. 俭，德之共也；侈，恶之大也
3. 节用于内，而树德于外
4. 强本而节用，则天不能贫
5. 侈而惰者贫，而力而俭者富
6. 静以修身，俭以养德
7. 历览前贤国与家，成由勤俭破由奢
8. 一粥一饭，当思来之不易；半丝半缕，恒念物力维艰

06 结交益友

1. 益者三友，损者三友。友直，友谅，友多闻，益矣。友便辟，友善柔，友便佞，损矣
2. 无友不如己者
3. 君子以文会友，以友辅仁
4. 君子之交淡若水，小人之交甘若醴；君子淡以亲，小人甘以绝
5. 独学而无友，则孤陋而寡闻
6. 与善人居，如入芝兰之室，久而自芳也；与恶人居，如入鲍鱼之肆，久而自臭也
7. 桃花潭水深千尺，不及汪伦送我情
8. 万两黄金容易得，知心一个也难求
9. 友谊像清晨的雾一样纯洁，奉承并不能得到友谊，友谊只能用忠实去巩固它

07 勤奋好学

1. 不学墙面
2. 三人行，必有我师焉。择其善者而

从之，其不善者而改之
3. 学而不思则罔，思而不学则殆
4. 日知其所亡，月无忘其所能，可谓好学也已矣
5. 学而不厌，诲人不倦
6. 骐骥一跃，不能十步；驽马十驾，功在不舍
7. 学不可以已
8. 玉不琢，不成器；人不学，不知道
9. 学而不化，非学也

08　习惯养成

1. 习与性成
2. 少成若天性，习惯如自然
3. 孩子成功教育从好习惯培养开始
4. 好习惯是一个人在社交场中所能穿着的最佳服饰
5. 美德大多存在于良好的习惯中
6. 习惯是一条巨缆，我们每天编结其中一根线，到最后我们无法弄断它
7. 只要能够掌握思想，养成正确的习惯，就可以掌握自己的命运，而且每个人都可以做到
8. 养成阅读的习惯等于为自己筑起一个避难所，几乎可以避免生命中所有的灾难
9. 家庭是习惯的学校，父母是习惯的教师

09　充满自信

1. 人皆可以为尧舜
2. 恢弘志士之气，不宜妄自菲薄
3. 天生我材必有用，千金散尽还复来
4. 长风破浪会有时，直挂云帆济沧海
5. 信心是命运的主宰
6. 自信是向成功迈出的第一步
7. 先相信自己，然后别人才会相信你
8. 有信心的人，可以化渺小为伟大，化平庸为神奇
9. 自信是一个人穿上的最好的盔甲

10　积极乐观

1. 否极泰来
2. 祸兮，福之所倚；福兮，祸之所伏
3. 山重水复疑无路，柳暗花明又一村
4. 失之东隅，收之桑榆　　塞翁失马，焉知非福
5. 每一种挫折或不利的突变，都带着同样或较大的有利的种子
6. 积极、愉快、坚强的意志和乐观的

情绪，可以战胜疾病，更可以使人强壮和长寿

7. 冬天来了，春天还会远吗？

8. 一切和谐与平衡，健康与健美，成功与幸福，都是由乐观与希望的向上心理产生和造成的

11　顽强坚韧

1. 志士仁人，无求生以害仁，有杀身以成仁

2. 富贵不能淫，贫贱不能移，威武不能屈

3. 路漫漫其修远兮，吾将上下而求索

4. 亦余心之所善兮，虽九死其犹未悔

5. 千淘万漉虽辛苦，吹尽狂沙始到金

6. 宝剑锋从磨砺出，梅花香自苦寒来

7. 唯坚韧者始能遂其志

8. 患难与困苦是磨炼人格的最高学府

12　责任担当

1. 位卑未敢忘忧国

2. 时穷节乃见，一一垂丹青

3. 先天下之忧而忧，后天下之乐而乐

4. 风声、雨声、读书声，声声入耳；家事、国事、天下事，事事关心

5. 天下兴亡，匹夫有责

6. 铁肩担道义

7. 我们是国家的主人，应该处处为国家着想

8. 高尚、伟大的代价就是责任

9. 我们的地位向上升，我们的责任心就逐步加重。升得愈高，责任愈重

13　合作共赢

1. 二人同心，其利断金。同心之言，其臭如兰

2. 上下同欲者胜

3. 天时不如地利，地利不如人和

4. 万人操弓，共射一招，招无不中

5. 千人同心则得千人之力，万人异心则无一人之用

6. 人是要有帮助的。荷花虽好，也要绿叶扶持。一个篱笆打三个桩，一个好汉要有三个帮

7. 你有一个苹果，我有一个苹果，我们彼此交换，每人还是一个苹果；你有一种思想，我有一种思想，我们彼此交换，每人可拥有两种思想

8. 不管努力的目标是什么，不管他干什么，他单枪匹马总是没有力量的。合群永远是一切善良思想的人的最高需要

14 有容乃大

1. 己所不欲，勿施于人
2. 躬自厚而薄责于人，则远怨矣
3. 得饶人处且饶人
4. 君子浩海之气，不胜其大；小人自满之气，不胜其小
5. 海纳百川，有容乃大；壁立千仞，无欲则刚
6. 度尽劫波兄弟在，相逢一笑泯恩仇
7. 紫罗兰把它的香气留在那踩扁了它的脚踝上，这就是宽容
8. 有时宽容引起的道德震动比惩罚更强烈

15 立志有成

1. 志不强者智不达
2. 志之难也，不在胜人，在自胜也
3. 身可危也，而志不可夺也
4. 男儿立志出乡关，学不成名誓不还　为中华之崛起而读书　志当存高远
5. 有志者事竟成
6. 穷且益坚，不坠青云之志
7. 志不立，如无舵之舟，无衔之马，漂荡奔逸，终亦何所底乎？
8. 立志用功，如种树然。方其根芽，犹未有干；及其有干，尚未有枝；枝而后叶，叶而后花、实

16 仁者爱人

1. 居处恭，执事敬，与人忠。虽之夷狄，不可弃也
2. 爱人者，人恒爱之；敬人者，人恒敬之
3. 天子不仁，不保四海；诸侯不仁，不保社稷；卿大夫不仁，不保宗庙；士庶人不仁，不保四体
4. 天下兼相爱则治，交相恶则乱
5. 博爱之谓仁，行而宜之之谓义，由是而之焉之谓道，足乎己无待于外之谓德
6. 爱满天下
7. 如果我们想要自己的物种得以存活，如果我们发现了生命的意义，如果我们想拯救这个世界和每一个居住在世界上的生灵，爱是唯一的答案
8. 没有爱，就没有教育